JN243714

目次

はじめに――呼び覚まされる霊性（編者） vii

第1章 死者たちが通う街――タクシードライバーの幽霊現象……工藤 優花 1
宮城県石巻・気仙沼
はじめに
1 石巻の怪奇現象
2 タクシードライバーの幽霊現象を支えるもの
3 無念の想いを伝えられたタクシードライバー
4 恐怖心を引きずっていない理由
5 死者たちが通う街
おわりに

第２章　生ける死者の記憶を抱く――追悼／教訓を侵犯する慰霊碑……菅原　優　25
名取市閖上・震災慰霊碑
はじめに
1　旧閖上中学校に建立した慰霊碑
2　「記憶」型の慰霊碑とは
3　「記憶」型の慰霊碑にどんな意味があるのか
4　「生きていた記憶」と現在を秩序づける装置――「記憶」型慰霊碑のあり方
第３章　震災遺構の「当事者性」を越えて……水上　奨之　49
――20年間の県有化の意義　南三陸町・防災対策庁舎
はじめに
1　震災遺構としての防災対策庁舎
2　震災遺構の負の宿命
3　20年間の県有化とは
4　〝当事者性〟を自ら語らない遺族――遺族からみた県有化
5　原爆ドームの保存に学ぶ
6　感情の煽りから感情の鎮めへ

第4章　埋め墓／詣り墓を架橋する――「両墓制」が導く墓守りたちの追慕……斎藤　源　69
山元町坂元地区中浜
はじめに
1　お墓を建てる意味とは
2　中浜墓地の復興
3　お墓への想いを託された千年塔
4　「両墓制」から見える中浜の祈り

第5章　共感の反作用――被災者の社会的孤立と平等の死……金菱　清　85
塩竈市・石巻市南浜町
はじめに
1　3・11直後の体験
2　愛する父母との対面
3　心のケアの陰で取り残される遺族
4　二度の跳躍――メモリースピーチコンテストへの参加
5　災害における「その人だけの死」への共感

第6章　672ご遺体の掘り起こし……小田島武道　101
――葬儀業者の感情管理と関係性　石巻市・葬儀社「清月記」
はじめに
1　火葬ができない大規模災害
2　改葬、いわゆる掘り起こし
3　感情労働としての葬儀業
4　笑いのコミュニケーション・スキル
おわりに

第7章　津波のデッドラインに飛び込む――消防団の合理的選択……小林　周平　127
岩手県山田町・宮古市田老地区
はじめに
1　震災時の消防団の活動
2　消防団とは――自己犠牲と義勇精神
3　「決めない」という合理的選択――消防団を支える価値
4　消えないジレンマ――次なる災害に備えて
おわりに

第8章　原発避難区域で殺生し続ける……………………………………伊藤翔太郎　147
――猟友会のマイナー・サブシステンス　福島県浪江町
はじめに
1　福島県で何が起こっているのか
2　狩猟から捕獲へ――狩猟者が抱える問題
3　浪江町の野生鳥獣被害
4　捕獲活動を支えるマイナー・サブシステンス
5　避難区域だからこそ――供養から使命感へ
おわりに
プロジェクトを終えて……………………東北学院大学　震災の記録プロジェクト　176
金菱　清（ゼミナール）
工藤優花　菅原　優　水上奨之　斎藤　源　小田島武道　小林周平　伊藤翔太郎

装幀　大橋一毅（DK）

断りのない写真は著者の撮影・提供による
文中の（　）内数字は、聞き取り調査の年月日を表す

はじめに――呼び覚まされる霊性

「深海に棲む魚は、おそらく最後まで水というものに気づかないだろうという。何かの偶然が水面に運び、大気に触れさせない限り、彼は水というものの存在を意識しないであろう」

リントン『パースナリティーの文化的背景』

深海魚は水以外の存在を知らないために、水面から出ない限り「水」を捉えることはない。文化人類学者のリントンは右のように述べている。3・11大震災後、スリランカを訪れて調査をしていたとき、あることが気になった。二〇〇四年一二月クリスマス翌日の二六日、インドネシアのスマトラ島沖M9・1の地震で発生した大津波は、インド、モルディブ、アフリカ諸国にまで達し、死者・行方不明者は合計で22万7898人にものぼった。そのうち、スリランカでは4万人の津波犠牲者を出したが、スリランカの慰霊碑を現地で見ると、列車に避難していた乗客や住民が津波に飲み込まれる様子がリアルに描かれていた（写真0・1）。それだけでなく、当時の写真やテレビニュースの画像を調査同行者から差し出されて見ると、そこには津波によって流された剝き出しのご遺体が大きく写し出され（写真0・2）、現地の人に聞いても、それは当然という答えしか返ってこなかった。

普通の日本人が報道で知ることができる災害の被害とは随分状況が異なる。日本では多くの犠牲者が出て、何万人が死亡したという単なる数値の羅列だけがあり、死者そのものはタブー視されて巧妙なまでに隠されていることに気づかされる。プライバシーの問題、惨事ストレスの軽減、文化的要因など、死者をさらけ出さない理由は多数あげられるが、少なくともそれは世界共通ではなく、日本に特有かもしれない。死の世界を遮蔽することは、あたかもそれがなかったかのごとく、当たり前のように了解される。

これはリントンが比喩で述べた深海の魚と水の関係であり、深海魚を日本人、水を死に変換すれば、無意識のうちに包まれている日本文化の外に出ない限り、死を知覚することはできないのかもしれない。身近に経験しながら「死」として意識されず、単なる出来事の一つとして押し流される。死を通過しない災害は、まるでドラマ仕立てであるかのように一部始終が美しく彩られる。私たちは半透明の被膜に目を覆われ、ただ「災害」をそれとなく眺めているだけである。その結果、私たちは死に対して不感症になり、それが死への感受性の「浅さ」となって撥ね返ってくる。災害列島に身をおき、災害を文化の中に訓化し、飼育する反面、災害が生じるたびに尊い犠牲を払い続け、その都度ゼロから死に対処せざるをえない。

他方、水（＝死）を知覚した人びとがいる。できれば誰しも忌避したいことであるが、突然災害に

写真 0.1　2004 年インド洋大津波犠牲者の慰霊碑（左）
列車に避難した乗客・住民 1,500 人が津波に飲み込まれた現場の写真（右）
（スリランカ・パラーリヤ村 2013 年 8 月調査）

写真 0.2　スリランカでは遺体を剝き出しのまま撮影・報道される
AFP テレビのニュース報道（左）　保存された写真（右）

襲われて肉親の死に直面し、あるいは職業上ご遺体の収容や引渡しに対処する。遺体安置所で、口が開いたり、裂傷を負っていたり、砂や泥がこびりついた何百ものご遺体の中を捜し歩く家族や、たとえ運よく見つかっても、ドライアイスが不足し、警察からせいぜい自宅の風通しのよい所に置くように言われ、火葬の見通しも立たず、混乱した状況で待たされる人びとがいた。

このように、災害において身を削られるような思いで肉親を捜し出し、最期の別れの時を過ごした人たち、行方不明のまま宙吊りにされた人たちの経験がただの数値に還元され、過ぎ去った歴史の一コマとして「復興」や「絆」の歯切れのよい掛け声の陰で葬られようとしている。

哲学者の中島義道は、

「あのとき死んだ一人ひとりが、それぞれただ一度の死を死んだことが覆い隠されてしまう。視点は自然に全体へと向かい、社会へと向かい、一人ひとりの人間を代替可能であるかのように数えだし、そして津波で死んだ人びとに対して、膨大な量の普遍的かつ抽象的な哀悼の言葉が投げかけられる」(中島 2014: 17-18)

と述べ、内向きから外向きに視点が完全に逆転することに警鐘を鳴らしている。私たちは鋭敏すぎるほど、このことに五感を研ぎ澄ます必要があるだろう。

本書はタブー視される「死者」に対して、震災の当事者たちはどのように向き合わなければならなかったのかを、綿密なフィールドワークを通して明らかにする。この試みを、意識の古層にあった死が呼び覚まされる〝霊性〟の震災学と名づけることにしよう。未曾有の災害において艱難辛苦を嘗め尽くした経験の末に、彼ら彼女らが到達したのが〝霊性〟であった。

霊性の代表的な論者は『日本的霊性』を著した鈴木大拙であるが、批評家の若松英輔は、それを形而上学的超越とつながる、いのちの根源的な働きであるという（若松 2015）。人間の秘められた高次の感情である〝霊性〟を、知識や概念としてではなく感覚的に〝わかる〟境地に、震災の当事者たちは到達している。私たちは本書でその痕跡をたどりたい。狭量な因果関係による科学的説明では捉えきれない、もっと深い宗教性にまで降り立った死生観が、被災地の現場では求められている。水面に接した深海魚が水を知覚した時の〝わかる〟感覚を大切にしたいと考える。

地震と津波による建物の倒壊や土地の流失、原発事故による避難などはすべて平面上の「横」の動きに関わる。自然の猛威を前になす術もなく、平面上をただ移動して逃れるのに対して、人類規模で対処しようと物資をつぎ込み、空間を組み立てる復興過程の「縦」の動きが旗幟鮮明となる。二度と津波を被ることのないように高く積み上げる防潮堤、高台移転やかさ上げ工事等がそれである。前者の平面を横へ流れる動きは、人間を自然の下位に押し戻すのに対して、後者の上へ向かう空間の縦の動きは、人間が自然の上位に立つことで対抗しようと試みる。

それに対して、本書は第三の道を提示する。地に足をおき、後者と同じ空間の高みを目ざす精神性と、内なる高次の感情の次元に視野を転じる。生と死の〈はざま〉のコスモロジー（＝霊性の世界）である。そのヒントとして、文化人類学者の岩田慶治の論考がある（岩田 1993）。

岩田は、精霊の住む大地と天上の世界に人間の住む場所として〈眼の高さの世界〉を挙げている。祭りなどの文化的儀礼には〈とぶ〉という身体的行為が存在する。このとぶという行為を繰り返すうちに、この世とあの世、有と無が媒介され、跳ぶ時は天上に地上が映り、しゃがむ時は地上に天上が映り、天と地が近づく。跳ぶ人の眼には二つの世界が映る。天に触れる時と地に触れる時の二つの時が繰り返されて回帰する。そうすると「〈眼の高さの世界〉あるいは人間の〈文化〉の虚構性が脱落して、そこに確かな一つの世界、天と地を含む世界のリアリティを直覚することになる」（岩田 1993: 213-214）という。卓見である。

津波や原発によって文化の虚構性が暴かれた社会において、一足飛びに天に向かう動きに飛躍するのではなく、眼の高さを起点とする天と地の間の往復運動によって、身体性を伴う言語以前の、コミュニケーションの場を設定しうる可能性が示される。生者と死者が呼び合い、交換し、現世と他界が共存する両義性の世界が、すなわち〝霊性〟である。

本書を通して、呼び覚まされる霊性、生と死の〈はざま〉の次元から、従来とはまったく異なる災害社会学を立ち上げてみたい。突然襲来した大津波・原発事故・巨大地震という人知を超えた未曾有の災害に翻弄されながらも、人はしだいに日常に回帰してその延長に災害を置き直し、自らコントロール可能なものに転回させる力を秘めている。人間の力では抗することのできない荒ぶる自然に対して、それでも生き残った生者が目に見えぬ死者と呼び合い、時には遣られ、時には抗しながら、独自の〝霊性〟の世界を醸成する。

呼び覚まされる霊性、生と死の〈はざま〉のコスモロジーへの着目と微細な観察は、生と死の共属関係を捉えることでより慈悲深い鎮魂の場を見いだし、表現するねらいがある。被災者の耐えがたい「災害期」を短縮する防災・減災策に新たな死生観をもたらし、災害社会学に意義深い射程を与えるであろう。

本書の各章の内容を紹介していこう。

第1章では、津波被災地では多くの怪奇現象が目撃され、報告されている。宮城県石巻と気仙沼のタクシードライバーを取材するなかで、伝聞の語りではなく、乗務日誌やメーター記録など証拠を伴う目撃談が得られた。当初は驚きを隠せなかったタクシードライバーたちが〝納得〟して霊魂への理解を示したのはなぜだろうか。幽霊現象を探ることで、死者の無念の想いとタクシードライバーの畏敬の念の意味を考える。

第2章では、各地で死者の「追悼」や将来への「教訓」として震災慰霊碑が建立されているが、宮城県名取市閖上《ゆりあげ》中学校遺族会の慰霊碑は、いずれにもあてはまらない。死者の追悼／教訓の境界を侵犯し、わが子を〝生きている死者〟として「記憶する」新たな慰霊と鎮魂のかたちを紹介する。それは死者の霊をあたたかく抱きしめる遺族の高次の心情である。

第3章では、南三陸町防災対策庁舎の保存を考える。津波被災地では、津波の猛威を残す建物を「震災遺構」として保存し、後世の教訓にしようという動きがあるが、遺族や住民の意見は鋭く対立する。南三陸町では防災対策庁舎の解体を決めたが、宮城県知事が20年間の県有化を提案した。保存に賛成する遺族は、なぜ当事者としての心情を語らないのか。広島の原爆ドーム保存の歴史にも学ぶ。

第4章では、お墓を津波で流され、いち早く新たに墓地を復興したが、どこか心が落ち着かない人びとがいる。ここには単にお墓を建てること（単墓制）に収まらない問題が秘められている。埋め墓（ウメバカ）と詣り墓（マイリバカ）を架橋する民俗学的両墓《りょうぼ》制をヒントに、先祖供養と遺骨灰の安置の両方を最も大切にする、山元町坂元地区中浜の住民の心意を明らかにする。

第5章では、津波被災地には多くの物資や著名人の慰問やボランティアなど資源の投入があり、メディアも報道しているが、家族を亡くしたが被災地に住んでいない遺族には情報すら来ない。被災をクローズアップしそこに光が当たれば、わかりやすい災害の「物語」を描くことができる。その反面、影の部分で「自分は被災者ではないのだろうか」と疎外感に苛まれる人びとが存在する。石巻市南浜町に住む両親を津波で亡くし、メモリースピーチコンテスト参加をきっかけに社会的孤立の闇を脱したひとりの女性に焦点をあて、被災者の心の深部と回復への光明に迫ってみたい。

第6章では、震災による大量のご遺体の処理に火葬が追いつかず、いったん土葬に付す仮埋葬が行われた。改葬は数年後の予定であったが、石巻では遺族の心情に配慮して二週間後に掘り起こしが始まった。７００体近いご遺体をある葬儀社のチーム9人で掘り起こし、改葬が執り行われた。なぜこのようなまれにみる過酷な作業ができたのか。本来、弔いには似つかわしくない「笑い」を含む「感情労働」の観点から、葬儀業者のコミュニケーション・スキルとご遺体・遺族との関係性を彼らの感受性に降り立って考えてみたい。

第7章では、被災地の消防団は「英雄」「ヒーロー」と呼ばれる。職業ではないにもかかわらず津波の襲来に立ち向かい、最前線で住民を救助したからである。しかし、被災3県の消防団の犠牲者数は、消防職員殉職の約9倍にのぼる。地域ボランティアである消防団が、なぜ命の危険まで冒すのだろうか。岩手県山田町と宮古市田老の消防団に受け継がれてきた自己犠牲と義勇精神、住民の生命財産を守る活動が彼ら自身の「価値」に基づく合理的な行為であることを明らかにする。

第8章では、原発避難区域である福島県浪江町で活動する猟友会を紹介する。一般に猟師たちは有害鳥獣を駆除した後、いのちをいただく「感謝」「敬意」「鎮魂」、そして祟りを恐れる「畏怖」の感情から「食べる」供養を行ってきた。しかし原発事故後、獲物のイノシシは汚染され食べることができない。それでも猟友会は浪江に通い、捕獲活動を続ける。彼らは「殺生し続ける」負い目をどのように払拭しているのか。マイナー・サブシステンスとしての楽しみ、「浪江のため」という使命感が見いだされた。人間だけでなく動物の死、人と動物の関係性に敷衍することで霊性の震災学の視野を広げ、考察を深めたい。

編　者

参考文献

岩田慶治 1979『カミの人類学――不思議の場所をめぐって』講談社
岩田慶治 1993『コスモスの思想――自然・アニミズム・密教空間』岩波書店
Linton, Ralph, 1945, *The Cultural Background of Personality*, Appleton-Century Crofts.（= 1972 ラルフ・リントン 清水幾太郎・犬養康彦訳 1972『文化人類学入門』創元社）
奥野修司 2015「被災地の奇跡―今は亡き家族との再会」『G 2 別冊現代』第19号 : 143-158.
鈴木大拙 2010『日本的霊性　完全版』角川ソフィア文庫
内田樹・釈徹宗 2014『日本霊性論』ＮＨＫ出版新書
若松英輔 2015『霊性の哲学』角川選書

第1章　死者たちが通う街――タクシードライバーの幽霊現象

工藤　優花

はじめに

震災から半年くらいたったある日、仕事のために朝、（茜平にある）自宅を出ると、玄関先に旦那さんからもらった結婚指輪の箱が置かれてあったとのこと。指輪自体は、震災時の慌ただしいときになくしてしまっていた。旦那さんは津波で行方不明になっていて、現在も見つかってはいないらしい。当時、半年経っても旦那さんの一報がなかったために、もう亡くなっているだろうと心のどこかでは思い始めていた矢先、自身のなくした結婚指輪が形見のように返ってきたとのこと。

「心が救われたような気がしたよ、届けてくれたのが〔亡くなった〕旦那じゃなかったら、誰だって言うんだい」（14・9・27　N・Kさん　石巻市　31歳女性）

「ひいちまったんだ！　確かに俺はこの手で人ひいたんだ！　でも……。」

震災から4ヵ月ほどたったある日の夕方に、（八幡町あたりで）車で人をひいてしまったこの男性。確かに車に当たり、ひいた感覚があったのであせって車から降りて確認してみると、そこには何もなかった。血痕すらなかった。なんの痕跡もなかったとのこと。ただただ怖かったらしい。たとえそれが幽霊の仕業だと納得し理解しようとしても、自身の手にいまだに残る〝人をひいた感覚〟がそれを邪魔し、正直、時間がたった今でも、忘れられない。

「人が倒れてなかったんだ。幽霊しかないだろ。じゃぁ、他になんだってんだ」。彼はつじつまを合わせるかのように、自分に言い聞かせるかのように、話していた（14・10・22　K・Tさん　石巻市39歳男性）

東日本大震災以降、東北の被災地を中心に、怪奇現象の体験談や噂話が相次いでいる。とりわけ宮城県石巻市において件数が多く、ネット上でも大量の書き込みがなされ、人びとの間でも話題にされている。そして、上の体験談のように民間人や復興業者にかかわらずさまざまな人びとが体験しており、「幽霊現象」と見なされている。

しかし調査をしていると、幽霊現象と呼ばれるなかで、とりわけ異質な現象があることがわかってきた。それは、地元石巻のタクシードライバーたちが体験している幽霊現象である。一般的な怪奇現象は、「幽霊のような」現象であったり、「幽霊かもしれない」現象であったりするのに対し、それらは明らかに「リアリティ」を伴う幽霊現象なのである。そのようなにわかには信じがたい体験をしながらも、タクシードライバーたちはなぜ霊魂という存在をリアリティをもって受けとめているのか。本章では石巻市、気仙沼市の聞き取り調査をもとに明らかにしていきたい（写真1・1〜2）。

1　石巻の怪奇現象

1.1　不確かな幽霊現象

一般的な不可思議な怪奇現象としては、はじめにあげた以外の例もある。67歳の男性S・Sさんが体験したのは、震災から数ヵ月経ったある日の深夜、物音がするので玄関先に行ってみると、ノックの音が聞こえた。声をかけても応答がないので、戸を開けてみると、そこには誰もいなかったとのこと。家の周りは防犯のために砂利を敷いていたために、誰かが行き来するとわかるのに、一切砂利の音はしなかった。「あれはそう（幽霊）だったのかもしれないな……」（14・9・20）。

あるいは、震災後の復興作業現場で不可解な事故が多く起こり、44歳の男性S・Uさんも震災直後の復興作業中の現場で、組立て中の鉄骨が落下してくるという事故が相次いでいたと述べていた。何度も作業前にチェックをしても、鉄骨の塊が落下してきたそうだ。ついには作業員が鉄骨の下を通過中に落下して「死にかけた作業員もいる」とのことである。「あれが幽霊の仕業じゃなかったら、誰がやったんだよ！　おかしいだろ！　人が死にかけてんだぞ！」。興奮しながらそう言っていた。その後、作業員たちの動揺から、しばらく作業を中断せざるを得なくなってしまったそうだ（14・12・15）。

これらの怪奇現象は体験者がそれとははっきりわからないが、身の回りで起こる事象について自分の認識もはっきりはせずに「見たかもしれない」「体験したかもしれない」「幽霊現象だったかもしれない」などというように「〜かもしれない」現象にとどまっている。

1.2　タクシードライバーの特異な幽霊体験

次に、タクシードライバーの方々が体験した幽霊現象を述べていくが、前述した一般的な怪奇現象とは、徹底的に異なるポイントがある。それは、タクシードライバーたちが霊魂と直接対話をしたり、接触したりした点である。しかしながら、パターンはそれぞれ異なる。まずはざっとそれらの体験に耳を傾けてみよう。

①タクシードライバーの体験談1（14・11・3　S・Kさん　56歳男性）

「震災から3ヵ月くらいかな？　記録を見ればはっきりするけど、初夏だったよ。いつだかの深夜に石巻駅あたりでお客さんの乗車を待ってたら、真冬みたいなふっかふかのコートを着た女の人が乗ってきてね」。

震災から3ヵ月くらいたったある日の深夜、石巻駅周辺で乗客の乗車を待っていると、初夏にもかかわらずファーのついたコートを着た30代くらいの女性が乗車してきたという。目的地を尋ねると、「南浜まで」と返答。不審に思い、「あそこはもうほとんど更地ですけど構いませんか？　どうして南浜まで？　コートは暑くないですか？」と尋ねたところ、「私は死んだのですか？」震えた声で応えてきたため、驚いたドライバーが、「え？」とミラーから後部座席に目をやると、そこには誰も座っていなかった。

最初はただただ怖く、しばらくその場から動けなかったとのこと。「でも、今となっちゃ別に不思議なことじゃないな〜。東日本大震災でたくさんの人が亡くなったじゃない？　この世に未練がある人だっていて当然だもの。あれ〔乗客〕はきっと、そう〔幽霊〕だったんだろうな〜。今はもう恐怖心なんてものはないね。また同じように季節外れの冬服を着た人がタクシーを待っていることがあっても乗せるし、普通のお客さんと同じ扱いをするよ」。ドライバーは微笑んで言った。ちなみに、このドライバーは震災で娘さんを亡くしている。

②タクシードライバーの体験談2（15・1・14　H・Kさん　41歳男性）

「8月かな。駅で待機してたら、乗ってきたお客さんがそりゃあまぁ季節外れの格好でさぁ。20歳くらい、いや、もうちょっといってたかなぁ」。震災から1年たった8月のある日の夕方、石巻駅で乗客の乗車を待っていると、真夏なのにもかかわらず厚手のコートを着た、20代くらいの男性が乗車してきたという。目的地を尋ねると、無言で返答がない。バックミラーで後部座席を見ると、まっすぐ男性は前を指さしており、もう一度目的地を聞くと、「日和山」と一言答えたそうだ。ドライバーは日和山に向かってタクシーを走らせ到着すると、気づいた時にはもう男性は後部座席にはいなかった。

「怖かったよ。本当に。生気を感じなかった〔後々振り返って考えて、人らしい何かが足りなかった〕上に、季節外れの格好をしていたあたりからして、不審には思ったけど、まさか〔幽霊が〕出るとは思わなかった。でもなぁ、日和山の海岸側の南浜の更地と夕日を見たら、自然とその怖さもなくなっちゃったんだよね。どうしてかなぁ。また、こんなことがあっても不思議ではないと思ったよ」。多少の不気味な気持ちはあるが、再び同じようなことが起こっても、また乗せるとのこと。ちなみに、このドライバーは震災で身内は亡くしていない。

③タクシードライバーの体験談3（14・9・27　N・Tさん　49歳男性）

「巡回してたら、真冬の格好の女の子を見つけてね」。13年の8月くらいの深夜、タクシー回送中に手を挙げている人を発見し、タクシーを歩道につけると、小さな小学生くらいの女の子が季節外れのコート、帽子、マフラー、ブーツなどを着て立っていた。時間も深夜だったので、とても不審に思い、「お嬢さん、お母さんとお父さんは？」と尋ねると、「ひとりぼっちなの」と女の子は返答をしてきたとのこと。迷子なのだと思い、家まで送ってあげようと家の場所を尋ねると、答えてきたのでその付近まで乗せていくと、「おじちゃんありがとう」と言ってタクシーを降りたと思ったら、その瞬間に姿を消した。確かに会話をし、女の子が降りる時も手を取ってあげて触れたのに、突如消えるようにスーっと姿を消した。明らかに人間だったので、恐怖というか驚きと不思議でいっぱいだったそうである。

「噂では、他のタクシードライバーでもそっくりな体験をした人がいるみたいでね、その不思議はもうなんてことなくて、今ではお母さんとお父さんに会いに来たんだろうな〜って思ってる。私だけの秘密だよ」。その表情はどこか悲しげで、でもそれでいて、確かに嬉しそうだった。ちなみに、このドライバーは震災で身内は亡くしていない。

④タクシードライバーの体験談4（14・9・20　K・Hさん　57歳男性）

14年6月のある日の正午、タクシー回送中に手を挙げている人を発見してタクシーをとめると、マスクをした男性が乗車してきて、服装や声から青年といった年恰好だったとのこと。

「でもねぇ、格好が何でかね、冬の格好だったんだよ」。その青年は、真冬のダッフルコートに身を包んでいたらしい。ドライバーは目的地を尋ねると、「彼女は元気だろうか？」と応えてきたので、知り合いだったかなと思い、「どこかでお会いしたことありましたっけ？」と聞き返すと、「彼女は……」と言い、気づくと姿はなく、男性が座っていたところには、リボンが付いた小さな箱が置かれてあった。

ドライバーは未だにその箱を開けることなく、彼女へのプレゼントだと思われるそれを、常にタクシー内で保管しているそうだ。

「ちょっとした噂では聞いていたし、その時は〝まあ、あってもおかしなことではない〟と、〝震災があったしなぁ〟と思っていたけど、実際に自分が身をもってこの体験をするとは思っていなかったよ。さすがに驚いた。それでも、これからも手を挙げてタクシーを待っている人がいたら乗せるし、たとえまた同じようなことがあっても、途中で降ろしたりなんてことはしないよ」とのことであった。そして、いつかプレゼントを返してあげたいそうだ。ちなみに、このドライバーは震災で母を亡くしている。

以上が、タクシードライバーの方々が体験した幽霊現象の抜粋である。他の怪奇現象と比較してどこが特異なのか。それは、体験者がはっきりと、自らが体験した現象を幽霊現象と認知しており、また、その対象と対話をしていて、「見たかもしれない」「体験したかもしれない」「幽霊現象だったかもしれない」などというような不確かな現象ではないことである。これは、決してタクシードライバー以外の他の怪奇現象の存在を否定しているわけではなく、霊魂と思われる存在と間近で対話をしたり、触れていたりするケースもあるという点で、〝特異〟である。

一般的な怪奇現象の多くは、石巻市沿岸部で確認されている。また、現象を遠目で確認していたり、間接的に確認していたりしていて、体験者本人も前述したように「〜かもしれない」「〜なはずだ」というように、自らの思い込みや、自らが体験した現象を逆に噂に当てはめているように受け取れる表現をしている。実際、調査中に確認を取ろうとすると誰しも「その方がつじつまが合う」「そうであったら、心が救われる」「そうじゃなかったら何だって言うんだ！」というような答えが返ってきた。

可能性の話でいえば、一般的に彼らが体験した現象は幽霊現象ではなく、犬や猫、カラスなどの動物や、親切なご近所さん、もしくは設備自体の不具合であるかもしれない。繰り返すが、タクシードライバーが見た以外の事例を、幽霊現象ではないと言っているわけではない。

2　タクシードライバーの幽霊現象を支えるもの

しかしながら、タクシードライバーの方々が体験している幽霊現象は、それほど単純には説明できない。「幽霊をタクシーに乗せた夢でも見たのでは？」と尋ねたくなるかもしれないが、タクシーは乗客を乗せた時点で、表示を〝空車〟から〝実車〟（地方によって表示は異なる）や〝割増〟に切り替えてメーターが切られるし、走行距離の遠近にかかわらず燃料は減るし、ＧＰＳが備えられたり無線で連絡を取り合うため、タクシードライバーの場合、はっきりとした証拠というものが残る。

たとえば、先にあげたタクシードライバーが迷子だと思った女の子をメーターを切らずに送り届けた場合においても、しっかり記録が残っている。それ以外の例においては、メーターが切られているし、加えて各々のドライバーは、自らが体験した現象をただごとではないととらえ、はじめに「これは夢ではないのか？　勘違いではないのか？」と、自分の体験が信じられず確認をとるためにそれぞれしっかりとメモや書類を残しているため、各々客観的にそれを確認することができた。つまり、タクシードライバーたちが体験した幽霊現象は、事実上、無賃乗車という扱いになっている。

さらに、彼らは多かれ少なかれ幽霊（霊魂）と思われるその存在と、話すなどのコミュニケーションが行われている。タクシーを利用した人なら誰しも経験することであるが、まずドライバーは乗客に目的地を尋ねなければならないし、多くの場合ドライバーの方から話題を出してくれる。いわば車内がコミュニケーションの場所そのものなのである。したがって、タクシードライバーははじめのうちは幽霊をタクシーに乗せたとは思っていないので、いつものように乗客（幽霊、霊魂）に話しかけている。

すると、口数は個人差があるとはいえ、彼ら彼女らはそれに言葉を返してきていた。すなわち、たとえ短くても双方向的なコミュニケーションが成立しているのである。さらに、迷子だと思った子を送り届けたドライバーは、霊魂への接触に成功している。コミュニケーションを通して、違和感を持ちながらも、その存在を「生身」の人間と思って疑わないほど、その存在が具現化しているケースがタクシードライバーの幽霊現象なのである。

また、具現化しているからこそ確認できたことではあるが、タクシードライバーの幽霊現象において他に共通しているのは、幽霊（霊魂）の見かけの年齢が一貫して低いということである。おじさん、おばさんと考えられる霊魂の存在は、調査では確認できなかった。これらはなぜなのだろうか。

3　無念の想いを伝えられたタクシードライバー

その疑問を解決するヒントは〝無念〟の想いである。だが、ここで一度、単に幽霊現象を確認してその裏をとるだけでなく、幽霊との対話や接触に関してタクシードライバー自身どのようにそれを受け止めているのかということを追ってみたい。少し触れたように、幽霊だとわかってもまた同じ状況になれば、乗車拒否はせずにお客として再び乗せると、ドライバーたちは言う。ここに幽霊現象を受け止めるためのヒントが隠されているのではないか。

「なぜ霊魂と対話や接触をとることができたと思いますか?」この質問に対して、タクシードライバーのS・Iさんは、「どうしても大事な人に会いたかったんじゃないかなぁ。ほら、タクシーって誰でも乗るっていう意思表示さえしたら乗れるし、乗ってしまえば後はどこにでも行けるし、小さな空間だから他人の邪魔だって入らないじゃない」(14・12・1)。たしかに、ドライバーの方から乗客に話しかけるし、霊魂たちも意思表示しやすいのかもしれない。

東日本大震災で亡くなった人たちは、本人自身もわけもわからず突然死が訪れてしまったため、家族、恋人、友達やお世話になった人たちに何のお別れの挨拶もできずに、この世を去らなければならなかったのである。したがって、この世に対する未練は病死などの通常の死に比べると強いのではないだろうか。死を受け止める時間がなかったのである。

タクシードライバーたちは亡くなった人たちの意思伝達の媒体となった可能性が高い。そしてなぜその媒体の役目をタクシードライバーたちが担うことになったのかというと、その理由は、体験者本人たちが言うように、昼でも夜でも町中を走っていて誰でも簡単に利用ができ、なによりタクシーは個室という空間で、ドライバー以外の目には止まらない点で都合がよかったと考えられる。

さらに、霊魂自身のアイデンティティの確立が考えられる。生きている人間に対して「自分はこのような人間だ」と主張することにより、相互のコミュニケーションがスムーズに進行すると考えられる。それに、自己概念（自分は生きているのだという霊魂の想い）と他者の評価（すでにこの世にいないという諦め）が一致しない時は、自己概念を強くアピールする行動によって、霊魂自身が自己のアイデンティティを維持することもありうる（船津・安藤 2002）。東日本大震災で亡くなった人たちは、恨みではなく、「無念」の方が大きいと考えられる。そのため、人に危害を加えたり、何かを訴えるために人前に大っぴらに出現したりする必要もないのである。

しかしながら、大切な誰かに対する無念の想いがある。自分という存在を伝えたいが伝えられないという想いを示すことによって、彼ら（霊魂たち）はアイデンティティを維持しようとしたのかもしれない。タクシーという個室が、霊魂の「自分はこのような人間だ」という主張による相互のコミュニケーションをスムーズにさせたのである。

この「無念」が、タクシードライバーが遭遇した霊魂がみな、見かけの年齢が低いことも起因している。幽霊現象の具体例にあるように、30代女性、20代男性、小学生の女の子、青年などなど、社会的にみればまだまだ将来があり、人生はこれからと言えるような年齢層の霊魂ばかりである。年齢が上がれば上がるほど人生において人が経験するであろうことの経験値が増していく。

しかしながら、それに反して、若年層は経験するべきことも、経験するであろうことも、したいことも、それらはすべて未来にある。そういった時期に意図せず命を奪われたとしたら無念の想いはよりいっそう強くなる。やるせない気持ちや未練でいっぱいであろう。したがって、タクシードライバ

写真 1.1　タクシードライバーへの聞き取り
（宮城県気仙沼 2015.5.28）

写真 1.2　駅前で待機するタクシードライバー
（同上）

ーが遭遇した霊魂はみな、若年層であると考えられる。もちろん、高齢の方に未来がない、と言っているわけではない。若者の方が〝比較的〟人生経験が浅いためにまだまだやりたいこともあり、無念の想いが強かったのではないかと考えられるのである。

4　恐怖心を引きずっていない理由

4.1　地元石巻市におけるタクシードライバーたちの役割

タクシードライバーはその仕事柄、地元石巻市出身者が多い。そして、いつでもお客さんが要望する目的地に向かって行けるように、さまざまな道に精通していなければならない。すなわち、故郷で働き、故郷に精通し、故郷に貢献する、大いに地元密着型の職業である。

「バスが走っているのは主要な大通り。だからバス停までかなりの距離を歩かなければならなかったり、バス停で降りたとしても、目的地までまたしてもかなりの距離を歩かなければならなかったりする場合だってある。お年寄りにはつらい部分があるよ。それに、僕らはだいたいすぐに道で見つけられるだろうから、若い方でも急いでいる時に利用することができる」と、タクシードライバーH・Sさんは語る（15・2・1）。

人と人、人と場所、人と（場所を超えた）物とをつなぐ重要な有機的な役割を、地元石巻市で担っている。タクシーに乗りあの人に会いに行く。タクシーに乗りあの場所へ行く。タクシーに乗りおいしいものを食べに行く。それにくわえてタクシードライバーたちの幽霊現象は、日常の延長線上で人（ドライバー自身）と霊魂をつないでいるのである。

4.2　霊魂に対する心象の良さ

タクシードライバーたちは、地元の土地や人に対する愛着が強い。さらに、自分の家族や親戚ももちろん、石巻に住居を構える人の割合が大きい。したがって、自身の家族や親戚の身内を亡くした人も決して少なくない。また、石巻出身でなくとも、自分の出身県の一部、身内の故郷など何かしらつながりがあり、そして今では自分が暮らす街という理由で、愛着を抱く人もいる。そういった心の状態、環境下で幽霊現象を体験したらどのような想いを抱くのか。震災当時から現在まで、どのように感情の推移を辿ってきたのか。そのことを理解するためにここで、感情を表す言葉の研究について述べたい。

8つの基本的な感情のモデルを考えたプルチックという研究者がいる。彼は、似通っている感情を隣り合うように配置し、感情の強度の違いによる感情の階層と、それらの感情の混合によってさらに複雑な感情が生まれるという図を考案した（図1・1）。感情の強度の違いと

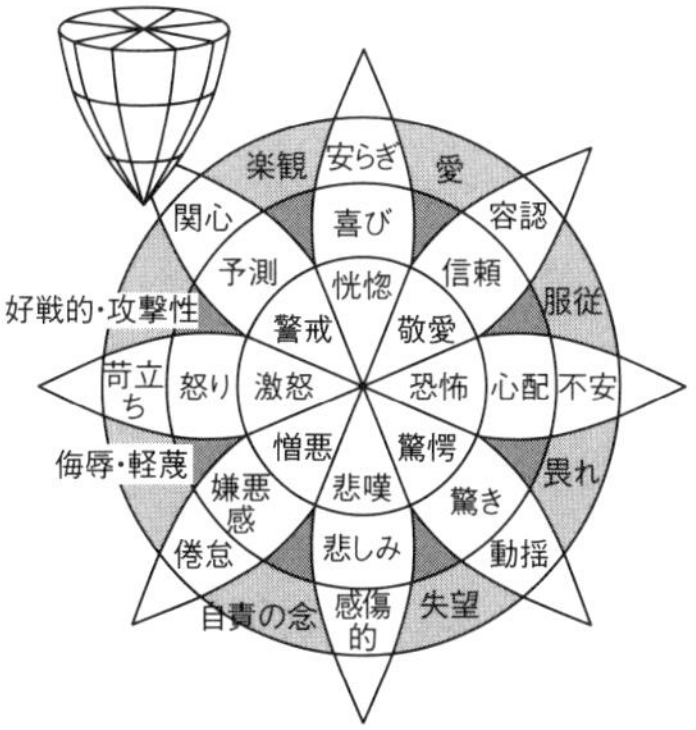

図 1.1　プルチックの感情の輪モデル（Robert Plutchik, 2001）

（出典）http://americanscientist.org/articles/01articles/Plutchik.html

は、退屈という基本的な感情の一つをとると、退屈―嫌気―大嫌いという順に強くなることである。また、感情の混合とは、苛立ちと退屈という感情が重なったとすると、そこから侮辱や軽蔑といった感情が生まれるというものである。そして、円の反対側に配置された感情同士、たとえば憧れと大嫌いが発生した場合、憧れているのに悔しくて大嫌い、大嫌いだけど憧れているといったような葛藤が生じる（菊池・谷口・宮元編 1995）。

したがって、タクシードライバーたちの感情の推移としては、東日本大震災の甚大な被害に対する〝悲しみ〟と〝驚き〟から、〝絶望〟が生まれる。そうした心の状態において、怪奇現象が起こる。そこでは、〝驚き〟と〝恐れ〟から、〝畏敬〟が生まれる。つまり彼らは、〝絶望〟と〝畏敬〟の板ばさみ状態だったのである。東日本大震災の被害には絶望しているものの、そういった現象に出くわして〝畏敬〟が生まれた。つまり、彼らにはどこか虚しいそんな時に、愛着のある地元の人が幽霊（霊魂）という形で現れ、どこか尊い感情を抱いたのである。その証拠に、筆者が調査の際〝幽霊〟と呼んだ時に、「そんなふうに言うんじゃない！」と怒鳴るドライバーも数人いた。良い意味での諦め、妥協、物事の受容という感情が働いた。そのため、彼らドライバーたちの幽霊現象に対する恐怖は長引かなかったし、心象の良い記憶として彼らの中に残っている。

4.3　聞き取り対象者の匿名性と霊魂への畏敬

石巻市の調査を通して、聞き取り対象者の中でも特にタクシードライバーたちに当てはまることであるが、「インタビューを受ける代わりに、匿名にすることを守ってほしい」という一貫した主張が見られた。その理由を尋ねると、ドライバーのN・Tさんは次のように語ってくれた。

「そういう体験をした直後は怖くてたまらなくて、誰かに話したい思いでいっぱいだったけど、今は心にしまっておくと決めているんだ。べらべらと人に話したら、普通はなかなか信じられないような体験話だし、嘘だと言われて彼ら（霊魂）の存在を否定されてしまうかもしれない。そうしたら、なんの悪気もない彼らを傷つけてしまうかもしれないし、きっと彼らの出現の価値も下がってしまうだろう。匿名にしてもらえたら、この体験は私のなかで静かに大切にしまっていられるよ」（14・9・27　N・Tさん）。

他にも似たように語るドライバーもおり、彼らのこの気持ちには、明らかに前述した〝畏敬〟の念が見て取れる。また、幽霊現象を取り上げてきたが、筆者も調査を進めるうちに霊魂という考え方に次第に変わってきた。ある通行人にインタビューした際、「幽霊なんて蔑むように言うんじゃない！」と怒鳴られたり、「幽霊とはちょっと違うかもしれないね」と諭されたりした。それは彼らに、「現象の正体（霊魂）は尊いもの」という観念が潜在的もしくは顕在的にあり、「貶《おとしめ》られたくない」という〝畏敬〟の念があったと考えられる。

5　死者たちが通う街

5.1　霊に寄り添う

石巻市のタクシードライバーたちが体験した特異な現象において、なぜ霊魂の見かけの年齢が若年なのか。なぜそのような体験をしながらも、タクシードライバーたちは霊魂という存在をリアリティを持って受け入れられるのか。これらを、本章では順を追って見てきたが、まとめると、石巻市における怪奇現象の要因は絶望と霊魂への畏敬の念、加えて石巻という社会の地域性にある。

未曾有の大震災によって、突如愛着のある土地を離れなければならなくなったり、住み慣れた家を失ったり、大切な人を亡くしたり、石巻の人びとは大いに傷つくことになった。タクシードライバーたちはそれらを身をもって体験し、または身近で彼らの傷ついた様子を目の当たりにしてきた。悲しみと驚きから、すべてがこの世の終わりのように感じられた絶望感があった。そこへ幽霊現象が起き、驚きと恐れを抱きながらも、そこから畏敬の念が生じた。

突如その生涯に幕を下ろさなければならなくなった死者たちである。まだまだ人生はこれからという若者も多く命を奪われ、無念でいっぱいであっただろう。将来はこんなことやあんなことがしたかったのに、会いたい人がいたのに、いつも当たり前のように傍にいて、感謝を伝えずにいたから、一生会えなくなる前に感謝を伝えたかったのに、などなど、彼らの気持ちへの想像は尽きない。昼夜を問わず街中を走ったり待機したりする個室の空間であるタクシーは、そんな死者たちにとって、自らの無念ややり切れない気持ちを伝えるのに最適な空間であったのだろう。こういった二つの心の合致が、幽霊現象の発生につながったと考えられる。

日本の幽霊観は、おとぎ話や怪談話などでよく耳にする「うらめしや〜」からも察することができるように、「恨み」にその本質をおいている。しかしながら、今回の幽霊現象の本質は「無念」なのである。したがって、霊魂たちには現世に生きる私たちに何か恨みを晴らそうとか、怖がらせようという気はない。私たちが勝手に恐怖心を抱いているだけである。「心」というのは宿している肉体がなくなっても残り続けるものであると、調査を通じて改めて考えさせられた。離れ離れになって会えなくなってしまった両親に会いたい。愛しい彼女に会いたい。忘れられない故郷に帰りたい。そんな「無念」の想いを、条件が重なって、タクシードライバーたちの「畏敬の心」が受け取った。受け取った彼らは各々の感情の推移を通して、怪奇現象を理解してきたのである。したがって、彼らに「わからないから怖い」として発生する恐怖はなく、今ではむしろ受容している。この心の相互作用は、霊の無念さと、タクシードライバーの畏敬の念によって起こったのである。

また、災害ユートピア、多幸症段階と呼ばれる心理状態も影響している。大災害の後では、家族や親戚や近所の人たちが救出しあったり、一緒に炊き出しをしたり、物資を融通し合ったりする、利他的な行動が頻繁に見られる。たとえば東日本大震災において、政府からの援助や支援はもちろんあったが、被災者の数に対して支援物資の数が足りなかったり、行き届いていない地域があった。人びとを密かに支えたのは、地域コミュニティ、民間の人たちの助け合いやボランティアであった。

被災者の中には、かろうじて生きながらえた幸運に対して、感謝する気持ちも生まれる。せっかく与えられた命を大切にしようという気持ちも生じる。また、被災直後は、経済階層や身分にかかわりなくすべての人が等しく被災したという平等感覚を持ちやすい。金持ちも貧乏人もない平等な世界がやってきたような感覚が生まれる。自分が育った地域を大切にしたいという気持ちや地域に対する愛着が強まり、コミュニティに帰属しているという感覚が強まる。これが、石巻市民に元からあった地元に対する愛着を後押ししていると考えられる（松井・上瀬 2007）。

また、石巻という地域の特色であるが、〝内は内で〟の感覚が強い。「仙台までわざわざ行かなくたって何でも買えるし、用も済んじゃうよ」や、「石巻市民はおとなしいけど、市民のつながりは強いよ。結束力は誇りだね」と、地元民は語る。確かに、周りを山と海、川で囲まれて、地形は閉ざされているが、都市としても発達しているため、外にわざわざ出る必要がない。また、筆者は聞き取り調査のはじめに自己紹介を行い、仙台から来たことを伝えると、大して遠方ではないにもかかわらず驚かれたり、「わざわざ遠くまでお疲れさま」と労われたりした。しかし、これは長年石巻市に住む中高年の方々に見られた傾向であり、年代が上がるにつれて、先に述べた〝内は内で〟の感覚が強いと推察できる。

「被災地では、『呼び返せない世界』に去って行った肉親や知人たちとの再会こそが待ち望まれていたのである。人々は夢のなかで懐かしい人に出会い、また、かすかな気配や、ときには幽霊という姿をもって現れた死せる人々の訪れを体験していた。津波による突然の別れは、死者とともに生きてあった人々の周囲に、取り返しのつかぬ悔恨を無数に産み落とした」(河合・赤坂 2014: 220)。

被災地石巻市における怪奇現象は、地域に対する地元民の元々の愛着に加えて、震災後の心の状態、感情の推移、そして石巻市の地域性に起因していたと考えられる。

5.2 これからのこと

人は、自分が理解しえない不可思議な物事には疑問を感じ、恐怖心を抱く一方、その解明につとめてきた。その結果、科学技術や学術研究が発達し、人びとの知見も広がった。物事の本質がわかり、理解することができれば人は恐怖という感情を抱かなくなる。たとえば今日、宇宙に関する知識、太陽を中心に地球を含む惑星が回っていることを大抵の人は知っていて、それゆえに日食や月食の原理もだいたい承知済みである。したがって昔の日本では、日食に対する恐怖を、「天照大神の岩戸隠れ」の神話になぞらえて、「あれは太陽の神様が隠れたからだ」と合理化して理解することによって、その恐怖心を自ずと消してきた。

人は「わからない」のが怖い。しかし、霊魂の本質を明らかにすることができるかどうかは、「わからない」から怖れるのではなく、各々が受け入れ、理解できるかにかかっていることに気づかされる。日本人ほど近い数百年間にたびたび日常の習慣を改めていた国民は少ないと思う（柳田国男 1978）。私たちはまさにいま、霊魂観を改めるところに立たされているのではないだろうか。東日本大震災を通して、霊魂に対する知見をどのように広め、受容し、次に活かすか。それをするかしないかでは、〝人生におけるモノ〟の認識が変わってくるであろう。

おわりに

最後に、本章の調査方法を記述しておこう。本章では一般的な怪奇現象と、タクシードライバーが体験した幽霊現象に分けて述べてきたが、当初は石巻市の道行く人びとや、走行中のタクシーを捕まえて聞き取り調査を行っていた。そこで前述したように、調査を進めていくにつれて、怪奇現象を体験した本人が、それを幽霊現象とはっきり自覚している場合と、していない場合があることに気づいた。それからは、双方を区別して、別々に焦点を当てて調査を行った。いずれにせよ、体験者を見つけ出すことは非常に難しかった。まず、幽霊という言葉を出しただけで、「おかしい」と笑われたり、「面白おかしくネタにするんじゃない」と怒鳴られたりして、全く相手にされないことがほとんどであった。そもそも体験者の絶対数が多くはないのだから、途方もない道のりであったことは言うまでもない。

しかし、この点で石巻市と気仙沼市には大きな違いがあった。気仙沼市の人びとは、「面白いこと言うねえ」と笑う人は多少いたが、それでも質問を真面目に受け止めて回答してくれたり、怒らずに、むしろ歓迎してこちらの話を聞いてくれたりした。これは、気仙沼には昔から大きな漁港があり、異文化を受け入れてきたために、他者を受容する受け皿が備わっていたからだと考えられる。現に、気仙沼を訪れる外国人はいまなお多い。それに対して石巻市は、本章で述べた通り〝内は内で〟の傾向が強いがために、内容も内容である上に、ずかずかとよそ者がやってきて質問することに対して、あまり良い気がしなかったのだと思われる。

苦労が多くあった調査ではあったが、協力してくれた両市民の方々のおかげで、ここに一つの見解を提示することができた。体験者の語りを残すことは、間違いなく今後未来の遺産となるであろう。協力いただいた方々に、感謝を申し上げたい。

参考文献

船津衛・安藤清志 2002『自我・自己の社会心理学』北樹出版
河合俊雄・赤坂憲雄 2014『遠野物語　遭遇と鎮魂』岩波書店
菊池聡・谷口高士・宮元博章 1995『不思議現象なぜ信じるのか――こころの科学入門』北大路書房
松井豊・上瀬由美子 2007『社会と人間関係の心理学』岩波書店
Plutchik, R., 1991, *The Emotions*, University Press of America.
柳田国男 1978『新編柳田国男集』第三巻　筑摩書房

第2章　生ける死者の記憶を抱く——追悼／教訓を侵犯する慰霊碑

菅原　優

名取市閖上・震災慰霊碑

はじめに

「子どもたちはそこに生きていた」と、チューリップを見ながらお母さんは語った。13年冬、慰霊碑の横におおよそ20~30個ほどチューリップの球根が植えられた。その事実を知らない全国からの来訪者が、慰霊碑の周りをスコップで掘り起こして各々植樹していく。お母さんはその様子を見て、植えたうちどれだけのチューリップが花咲くか不安を抱えていた。迎えた14年5月、たくさん植えたはずのチューリップは、亡くなった14人の子どもと同じ数だけ花を咲かせた（写真2・1）。

津波で大切なお子さんを亡くしたこのお母さんは「子どもたちは神様じゃないから、〔子どもたちを〕拝んでもらう必要はない」と語ってくれた。子どもたちの慰霊碑を前にすれば誰しも亡くなった

写真 2.1　旧閖上中学校の慰霊碑傍に咲いたチューリップ
（名取市閖上 2014.5 月 丹野祐子さん提供）

事実に触れてただただ手を合わせる。人として自然の摂理といえば大袈裟かもしれないが、私たちはそうする。だがこのご遺族は、手を合わせる行為を明確に否定する。それはいったいなぜだろう？　これまでの災害の歴史を眺めてみても、人びとは慰霊碑を建て鎮魂の祈りを捧げてきた。先行研究によれば、それらは犠牲者に対する「追悼」や、将来このようなことが二度と起こらないための「教訓」という、大きく二つの枠組みに分類できるという。

しかし、本章で扱う名取市閖上《ゆりあげ》の慰霊碑はそこから逸脱した、いわば「追悼」や「教訓」という定義を侵犯するものである。本章は、従来の震災慰霊碑の枠組みを越境するしくみを明らかにし、これを新たに「記憶」型の慰霊碑として位置づける試みである。

1　旧閖上中学校に建立した慰霊碑

1.1　震災慰霊碑とは

観測史上最大の規模を記録した東日本大震災（以下、震災）は、一瞬にして多くの犠牲者を出した。それ以降、被災沿岸部には、枚挙に暇がないほどの震災慰霊碑が建立され続けている。このような震災モニュメントはなぜ作られるのだろうか。社会学者の岩崎信彦はこれが意味するものについて述べている。

「歴史的に見て、死者のためだけでなく、残された人たちが『悲しみ』『苦しみ』を乗り越えていくために必要とされてきた。人間社会には、『悲しみ』『苦しみ』を『忘れたい』という気持ちと、『忘れてはならない』という思いとが相反しながら共存している。碑はそのバランスを取るための『装置』であるともいえる」（毎日新聞 1999.7.17）

このことから人びとが災害の歴史の中で慰霊碑を建ててきた理由を説明するならば、それを建立した社会もしくは共同体が災害や死を克服する装置として機能するからだといえるだろう。特に千年に一度といわれる今回の震災においては、慰霊碑建立の動きが顕著に見られる。

宮城県名取市閖上地区は人口2200人弱という小さな街だが、その狭いエリア内にも新たに4つの慰霊碑が建立された。本章ではその中でも、旧閖上中学校（以下、旧閖中）の慰霊碑に着目し、分析を深めていく。ここからは、まず閖上という地区と旧閖中に建てられた慰霊碑についての説明をしていこう。

1.2　名取市閖上の被害概要

宮城県名取市は、震災における津波の被害で死者911名、行方不明者40名、半壊以上5千軒という甚大な被災地域である。そのうち沿岸部に位置する閖上地区は、死者数750名、行方不明者40名、流失した家屋が3530軒と、名取市の中でも人的・物的被害がきわめて大きかった。この数値を言いかえれば、住民のうち6人に1人が亡くなり、数千の家屋が軒を連ねた街が震災を境に焼け野原のような更地になったという想像もつかない状況を表す（名取市HP）。

なぜこれほどまでに大きな被害を受けたのだろうか。震災前、閖上漁港は仙台近郊に位置する貴重な水産物供給基地として機能し、砂浜は海水浴場として利用されていた。すなわち閖上に住む人びとにとっての海は、地元経済の発展と生活の安定をもたらす重要な資源であり、海と隣り合わせの暮らしを営んでいた。しかしそれほど身近な距離で海を見てきた閖上の人びとは、震災当日、津波を想定しながらも避難しなかったのである。そこには二つの理由があった。

一つめの理由は伊達政宗公の命によって江戸時代から明治時代にかけて、物流の拠点として掘られた運河である、貞山堀を越えて津波は来ないという先祖からの口頭伝承を過信していたことにあった。先人の知恵によれば、貞山堀は物流の拠点としてだけではなく、津波の緩衝地帯として機能するといわれていた。実際に1960年のチリ津波の際にも、貞山堀から東の海側に住居を構える住民だけが、貞山堀よりも西の内陸側に避難して来る程度だったという。この先祖代々からの語り伝えは、皮肉にも人びとの油断を招き、閖上の被害を大きくした。

人びとが避難しなかったもう一つの理由は、外部の研究者が「閖上に津波は来ない」と発言したことにある。これは県が地震被害を想定して調査を行った際の説明であり、古くからの口頭伝承が近代技術を用いた研究で実証されたことによって、「閖上の人びとは津波を想定した避難訓練をしたことすらなかった」（15・1・11櫻井謙二さん）のだという。

この二つの理由から、閖上地区は大津波による甚大な被害を被った。では震災当日、実際に人びとはどのような行動をとったのだろうか。後に閖上遺族会の代表となる丹野祐子さんの震災当日にスポットを当てて見ていこう。

1.3 震災当日の閖上の様子

二〇一一年三月一一日は、名取市すべての中学校で卒業式が行われていた。大地震は、卒業式を終えて近くの閖上公民館で謝恩会をしている最中の出来事だった。揺れがおさまってから津波が来るという意識はなく、家の中を片づけたり、近所の住人と立ち話をしていた人がほとんどだったという。緊急避難所の閖上公民館には人が集まったものの、これも「私の子どもは大丈夫だろうか」「周りの様子が気になる」という確認の意味で、津波を想定した避難ではなかった。

津波で息子を亡くし、後に閖上中学校遺族会の代表となる丹野祐子さんも、当時中学三年生だった長女の謝恩会で閖上公民館に居合わせた。地震発生からまもなく、丹野さんの長男で当時中学一年生だった公太君も、閖上公民館のグランドに避難していた。地震発生から約1時間が経ち、「津波だぁ

写真 2.2　旧閖上中学校
学校は移転し，校舎は取り壊しが決まっている（2014.10.14）

ー!!」と誰かが叫んだ時には、東側からどす黒い煙がもくもくと上がり、瓦礫を巻き込んで黒い塊となった波が押し寄せていた。丹野さんは公民館の階段を駆け上がり一命を取り留めたが、そこに公太君の姿はなかった。２階建ての公民館に避難しても危険であるという情報を耳にした公太君は、４００メートル離れた閖上中学校に向かって移動している最中に波にのまれたという。

それから約８ヵ月後、丹野さんが発起人として遺族会を起ち上げ、震災遺構となった旧閖中（写真２・２）の入口部分に、亡くなった14人の生徒の名前を刻んだ慰霊碑を建立した（旧閖中は取り壊しが決まっており、土地区画整理事業に伴って、慰霊碑は15年5月12日に閖上6丁目へ移転した）。ではこの慰霊碑は、どのような目的のもとに作られ、完成に至ったのだろうか。

1.4　生きていた証しとしての慰霊碑

閖上を含む名取市は、「どこよりも早く片づいたが、その後の復興が遅い地域」（14・10・23針生淳子さん）と言われる。震災から半年後には瓦礫が撤去されたものの、それから14年10月にかさ上げ工事が着工されるまでの約3年間、何も手つかずの状態だった。震災後、仮設住宅で暮らしていた閖中遺族会のメンバーは、瓦礫が撤去されて人びとが元の生活に戻っていくのを見て、「わが子が生き

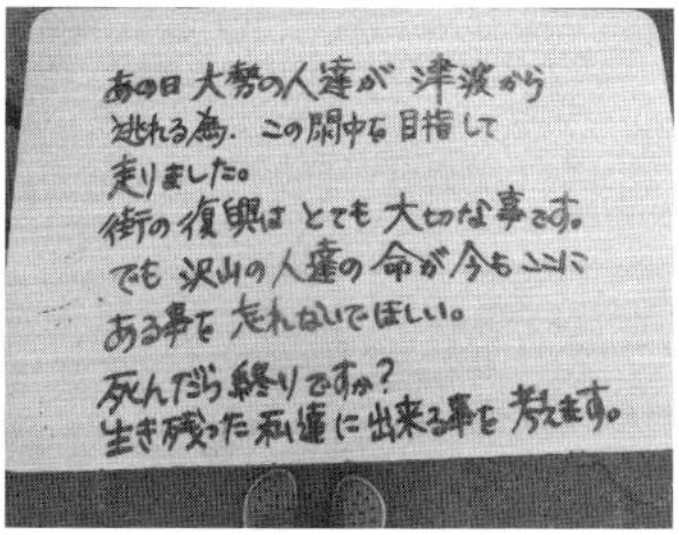

写真 2.3　閖中遺族会を起ち上げた丹野祐子さんのメッセージ
（2014.11.9）

写真 2.4　旧閖上中学校慰霊碑
亡くなった 14 名の生徒の名前が学年順に刻まれている。一番右の机上に，丹野さんのメッセージがおかれている（同上）

ていたことが忘れ去られていく感覚があった」（14・11・9閖中遺族会）という。遺族のこの感覚を「内心にまざまざと起こる死者の経験を、社会常識という無記名の通念によって打ち消されなくてはならないところに、人々の耐えがたき苦しみがある」（若松 2011: 12）ことから説明すると、震災という事実が社会的に認知され、復興という言葉が一人歩きするなかで、遺族の震災に関する記憶が社会に帰属しえない状態になっていたといえるだろう。

そしてどうしようもなく喪失感や虚無感にかられていた11年8月、丹野さんは中学校内から持ち出した机にメッセージを記し、わが子が「生きていた記憶」として社会に働きかけを始めた（写真2・3）。

それから丹野さんは他の遺族の人びとに声をかけ、11年11月に閖上中学校遺族会が発足した。遺族会でのスムーズな話し合いによって、震災翌年の12年3月11日には旧閖中慰霊碑の除幕式が行われた。とはいっても遺族会の結成からわずか4ヵ月という短期間で慰霊碑が完成したのはなぜだろうか。それは、遺族会の間で「子どもたちが生きていた証しを残したい」という目的が明確に共有されていたことにある。遺族会のメンバーは自宅またはお墓を流失し、わが子がこの世に生きていた証拠が何も存在していなかった。

しかしながら、慰霊碑の周りにあえて献花台や焼香台を常設せず、「花を添えて欲しいとか手を合わせて欲しいとか、多くのことは望まない」（14・11・9 櫻井謙二さん）と言うように、慰霊碑をお墓の代わりとして利用したのでもない。遺族会にとってこれは、むしろ子どもたちが生きていたことを示す証しでしかなく、子どもたちを社会の記憶にとどめるための働きかけとして作ったものだった。そのため慰霊碑には子どもたち一人ひとりの名前が刻まれ、表と裏のある起立形ではなく、子どもたちを前面に押し出すことができる傾斜形の慰霊碑が完成した（写真2・4）。

ここまで閖上地区と旧閖中の慰霊碑について解説をしてきたが、いったいどこがほかの慰霊碑と違うのだろうか。次節からは県内のほかの慰霊碑との違いを、比較対象を挙げながら分析していこう。

2 「記憶」型の慰霊碑とは

2.1 追悼でも教訓でもない震災慰霊碑

表2・1は筆者が調査に訪れた宮城県内の震災慰霊碑をまとめたものである。犠牲者名の有無やメッセージ性が、建立団体によって一定の分布を示すことはすでに確認されている（今井 2001）。ここ

で注目してほしいのは、慰霊碑の示すメッセージ性の項目だ。慰霊碑に刻まれた碑文をもとに、亡くなった人に向けたもの（鎮魂、ご冥福などの言葉）を「追悼」、生きている人に向けたもの（復興、克服などの言葉）を「教訓」と分類したが、旧閖中の慰霊碑だけは追悼、もしくは教訓というメッセージに分類することができなかった。

それは慰霊碑に14人の生徒名と「平成二十三年三月十一日　午後二時四十六分　東日本大震災の津波により犠牲となった閖上中学校の生徒の名をここに記す」と刻まれているだけで、生徒たちが生きていたという事実しか伝わらないからである。すなわちこの碑文からは、両者のどちらかに分類するメッセージを読み取ることができない。それではこの慰霊碑のメッセージ性をどのように受け止めればよいのだろうか。本章では新たにこれを「記憶」型と定めた。なぜ文字からメッセージを汲み取ることができないこの慰霊碑が「記憶」型なのか論じていくために、旧閖中の慰霊碑と共通点が多い、石巻市立大川小学校を参照して読み進めていこう。

2.2　大川小学校慰霊碑との比較

石巻市立大川小学校について概要を説明しておく。大川小学校は震災の津波による被害で、児童74名、教職員10名と、学校機関において最も多くの犠牲者を出した。震災直後の学校側の対応に対して、遺族から「人災である」という声があがり、その論争の様子はメディアを通して目にされた方も多いだろう。大川小学校の慰霊碑は、13年8月に遺族会が建立している。その慰霊碑は、規模や形状

日和山お社	名取市/閖上地区	あり	地元有志	追悼，教訓
旧閖上中学校慰霊碑	名取市/旧閖上中学校	あり	遺族会	記憶
千年希望の丘慰霊碑	岩沼市/千年希望の丘公園	あり	自治体	追悼，教訓
光り墓	岩沼市/恵洪寺	あり	県外有志	追悼
鎮魂の碑	亘理町/荒浜地区	なし	地元有志	追悼，教訓
千年塔	山元町/中浜地区	あり	地元有志	追悼，教訓
中浜小学校慰霊碑	山元町/旧中浜小学校	なし	地元有志	教訓
東日本大震災慰霊碑	山元町/大字坂元地区	あり	地元有志	追悼，教訓

(出典)今井（2001)の分類方法をもとに，筆者が宮城県内を現地調査して作成

写真 2.5　石巻市立大川小学校の慰霊碑
（石巻市 2014.10.27）

「二〇一一年三月十一日，東日本大震災が此の地を襲いました。巨大津波によって，大川小学校児童七十四名，教職員十名の尊い命が失われました。御魂の安らかなご冥福を祈り，茲に鎮魂の碑を建立します。
二〇一一年十月　大川小学校遺族一同」
（地蔵尊の裏の碑文より）

から見て、県内のほかの慰霊碑を象徴するといってもよい作り方となっている。平らな石の表面には多数の犠牲者名が刻まれ、献花台は多くの参拝者からの花によって彩られていた（写真２・５)。

この慰霊碑が完成したことに関して遺族の一人は「手を合わせられる場所ができて良かったし、安心した」（毎日新聞 2013.8.25）と語った。死者を追悼する目的で作られた慰霊碑なのだからそう感じるのは、むしろ当然のことのように思える。しかしここに、大川小学校をはじめとした県内の

表 2.1　宮城県に建立された震災慰霊碑の分類（2015.11 月現在）

震災慰霊碑	所在地	犠牲者名	建立団体	メッセージ
東日本大震災鎮魂乃碑	気仙沼市/鹿折見学台	なし	地元有志	追悼
東日本大震災唐桑復興祈念碑	気仙沼市/早馬神社	なし	県外有志	教訓
観音寺供養塔	気仙沼市/観音寺	なし	仏教組織	追悼・教訓
東日本大震災慰霊碑	気仙沼市/古谷八幡神社	なし	地元有志	追悼
地福寺慰霊碑	気仙沼市/地福寺	あり	県内外有志	追悼
杉の下地区慰霊碑	気仙沼市/杉の下地区	なし	地元有志	追悼
羅漢かかし	気仙沼市/杉の下地区	なし	県内外有志	教訓
鎮魂の森	気仙沼市/杉の下地区	なし	地元有志	追悼，教訓
津波記憶石	気仙沼市/小泉小学校	なし	県内外有志	教訓
小泉地区慰霊碑	気仙沼市/小泉地区	なし	地元有志	教訓
鎮魂の森慰霊碑	南三陸町/歌津伊里地区	あり	地元有志	追悼，教訓
東日本大震災殉職者慰霊碑	南三陸町/南三陸消防署	あり	自治組合	追悼，教訓
七十七銀行女川支店行員慰霊碑	女川町/鷲神地区	あり	遺族会	追悼，教訓
いのちの石碑	女川町内各所	なし	女川中学校卒業生	教訓
東日本大震災慰霊碑	石巻市/旧吉浜小学校	あり	同小学校	追悼，教訓
東日本大震災慰霊碑	石巻市/竜谷院	あり	遺族会	追悼，教訓
南無大慈大悲聖観世音菩薩像	石巻市/大川地区	なし	県内外有志	追悼，教訓
大川小学校慰霊碑	石巻市/旧大川小学校	あり	遺族会	追悼
東日本大震災雄勝病院犠牲者慰霊碑	石巻市/雄勝病院跡	あり	雄勝病院の会	追悼
湊小学校慰霊碑	石巻市/湊小学校	あり	父母教師会	追悼，教訓
東日本大震災犠牲者慰霊碑	石巻市/宮城県漁業共同組合本所	なし	同組合	追悼，教訓
東日本大震災殉職者慰霊碑	石巻市/石巻消防本部	あり	消防組合	追悼
お地蔵さんプロジェクト	石巻市/門脇地区	なし	NPO法人	追悼，教訓
光り墓	石巻市/禅昌寺	あり	県外有志	追悼，教訓
東日本大震災犠牲者慰霊碑	石巻市/釜会館	なし	地元有志	追悼，教訓
東日本大震災大津波犠牲者慰霊碑	東松島市/大曲浜地区共同墓地	あり	地元有志	追悼，教訓
石巻西高校慰霊碑	東松島市/石巻西高校	あり	教職員	追悼，教訓
東日本大震災犠牲者慰霊碑	東松島市/滝山公園展望台	なし	県外有志	追悼，教訓
東日本大震災物故者慰霊乃塔	東松島市/定林寺	あり	同寺住職	追悼，教訓
東名地区慰霊碑	東松島市/東名地区共同墓地	あり	地元有志	追悼，教訓
東日本大震災慰霊祈念碑	松島町/町内地区	なし	自治体	追悼，教訓
東日本大震災慰霊碑	七ヶ浜町/蓮沼苑	あり	自治体	追悼，教訓
塩竈市東日本大震災モニュメント	塩竈市/千賀の浦緑地	あり	自治体	追悼，教訓
多賀城市東日本大震災モニュメント	多賀城市/多賀城駅前	なし	自治体	追悼，教訓
東日本大震災慰霊乃塔	仙台市/荒浜地区	あり	地元有志	追悼
東日本大震災慰霊碑	仙台市/浄土寺	あり	同寺住職	追悼，教訓
寄り添いお地蔵さん	名取市/閖上地区	なし	仏教組織	追悼，教訓
芽生えの塔	名取市/閖上地区	あり	自治体	追悼，教訓

ほかの慰霊碑と、旧閖中慰霊碑の最も大きな違いがある。閖上中学校遺族会は慰霊碑の周りに献花台や焼香台をあえて設けず、「子どもたちは神様じゃないから、拝んでもらう必要はない」（14・11・9遺族会）と述べているのだ。

その違いは、「モニュメントや記念碑は出来事を直接に保存するために意図的に構築された記号である」（小川 2002: 54）という観点から分析すると、より明確にすることができる。「追悼」型の慰霊碑が保存するのは亡くなったという事実であり、「教訓」型の慰霊碑は地震あるいは津波という災害を後世に語り継ぐという役割を果たす。しかしながら旧閖中の慰霊碑が保存するのは、子どもたちが生きていたという事実そのものという点で、両者と大きく異なる。

追悼でも教訓でもないことはわかったが、しかしどうして「記憶」という分類をするのだろうか。この問いに対して、慰霊碑など文化遺産の秩序こそが「自分たちのアイデンティティの表明から始まる個人や集団の記憶がうまく保持されているかどうかを決定している」（ジュディ 2002: 234）と考えると、閖中遺族会のメンバーにとっては慰霊碑を建立することが、自分たちの記憶を保持する働きかけだったということができる。実際に丹野さんが息子の声を思い出せないと語ったことが記事に取り上げられたように（毎日新聞 2014.3.1）、記憶を喚起する記録媒体を失った閖上遺族会のメンバーにとって、時間の経過とともにわが子の記憶が薄れていくことは避けられない問題である。つまりわが子を記憶し続けるために、遺族会が選択したのは慰霊碑を建てるという方法であり、このことから旧閖中の慰霊碑は「記憶」というメッセージ性を保持するといえるだろう。

しかし、外部から訪れた第三者は、旧閖中の慰霊碑が記憶というメッセージを持つと読み取ることはできない。先に述べたように、慰霊碑から読み取ることができるのは子どもたちが生きていたという事実だけである。その点を補完する役割を担うのが、旧閖中から目と鼻の先に建てられた「閖上の記憶」という建物である。この「閖上の記憶」が、第三者にも「記憶」型の慰霊碑だと認識されるのにどう寄与しているのかを次に見ていこう。

2.3 「閖上の記憶」

「閖上の記憶」は、旧閖中校舎の正門から50メートルほど離れた場所に建てられたプレハブ小屋である（写真2・6）。ここは震災を伝える資料物・映像の展示や、世界各国からの来場者に対する案内ガイドのほか、月に2〜3回ほど開催する語り部の会など、震災を後世に語り継ぐ資料館としての機能を果たしている。しかし当初、「閖上の記憶」は資料館として設立が決まったのではなく、「慰霊碑が誰も近づくことがないただの冷たい石になって、子どもたちが寂しくならないように、人の集う場所を設けたくて開所することを決めた」（14・10・26丹野祐子さん）というように、慰霊碑の管理施設として作られた経緯があった。したがって「閖上の記憶」では、地元住民の語りや展示によって閖上遺族会がど

写真2.6 「閖上の記憶」
後ろは旧閖上中学校（名取市 2014.12.18）

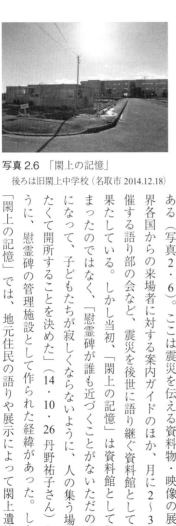

んな想いを込めて慰霊碑を建立したのかが説明される。

この「閖上の記憶」について、もう少し説明を加えていく。「閖上の記憶」は、認定NPO法人「地球のステージ」と日本国際民間協力会の協力によって設置され、現在は「地球のステージ」が施設管理を行っている。「閖上の記憶」で大切にされているのは地元住民による展示品や語りで、閖上の住民を中心として運営している。いわばその形は、歴史学者のジュディが語る民衆の博物館と非常に近い。民衆の博物館に関しては、「個人と共同体全体とのずれ、社会的経済的現実とそれをうまく受け止められない人々との溝を埋め合わせようとすることが最大の目的となる」（ジュディ 2002: 163）という説明がなされている。これを「閖上の記憶」に当てはめて考えてみよう。

遺族会にとっては、「閖上の記憶」で慰霊碑の説明をすることは、わが子が亡くなった事実と、復興に向かう過程でわが子が忘れられていく現実との溝を埋め合わせる役割を果たす。そして外部から訪れた者は、メディアで見る復興と被災地で見る現状のずれを体感するなかで、この閖中遺族会の想いに直面することになる。つまり「閖上の記憶」が存在することによって、子どもたちが生きていた記憶が第三者にも共有可能になり、メッセージ性が「記憶」として成立するといえるのである。

「記憶」型の慰霊碑が成立することは遺族会にどんな変化をもたらしたのだろうか。次節からその点を明らかにしていきたい。

表 2.2　追憶の秩序

1	記憶の喚起	共同体秩序はかつて共同体の成員であったり，共同体と何らかのかかわりがあった死者の霊，神への記憶を喚起することで，編成される
2	聖なる空間の設定	死者の霊や神は聖なる存在であり，現世とは別次元に存在するため，それらを喚起するために聖なる空間を設定しなければならない
3	未知の理解システム	未知のモノ，新しいモノは，死者の霊や神など共同体と関係があることが示されて初めて，公的に認知される
4	霊的存在への返礼	富が死者の霊や神によってもたらされるものである以上，共同体は供物を通じて祖先への借りを返していくことで維持される

（出典）荻野（1998: 2-5）

3　「記憶」型の慰霊碑にどんな意味があるのか

3.1　慰霊碑によって秩序を維持する

閖中遺族会がわが子の生きた証として建立した慰霊碑が、「記憶」型として成立したことは先に述べてきた。ここからそれが遺族会にとってどんな変化をもたらしたのか、「追憶の秩序」（荻野 1998）という概念をもとに考えていこう。一言でいえば追憶の秩序とは、人間が現世と現世を超えた世界とのあいだの交換を通じて秩序を創出してきたという考え方である。現世と現世を超えた世界とは、またそこで交わされる交換とはどのようなものか。具体的に追憶の秩序を構成する4つの要素を表2・2で紹介しながら、さらに分析を深めていこう。

死者を祀り秩序づけてきたというこの考えは、閖中遺族会と重なる部分がないだろうか。たとえば1は子どもたちが生きていた記憶を喚起することにほかならず、2は、旧閖中の慰霊碑がその記憶を喚起するために建立されたことを説明する。つまり閖中遺族会は慰霊碑を建立することによって、個人や遺族会の秩序を保ってきたと想定できるのではないか。
遺族会にとって旧閖中の慰霊碑は、「形としてわが子の名前が存在する場所だし、中学生の子どもにとっては楽しい思い出がある拠り所だと思うの。だから遊びにも来ているだろうし、わが子に会える場所」（14・11・9 遺族会）だという。慰霊碑が記憶を喚起する装置として機能しているのはわかるが、それだけで秩序を保っているかどうかまでは読み取ることができない。その点について質問したところ、丹野さんから次のような答えが返ってきた。

「子どもと一緒に死んでやれず自分だけ生き残ってしまったから、何もせずには生きていられなかった。建てる前と建てた後では、気持ちが全然違った。建ててからはこの世にひとつ形を残したなということで自分の支えになったし、ほかの遺族会のメンバーにも間違いなくそういう気持ちがあったと思う」（14・11・18 丹野祐子さん）。

つまり慰霊碑を建てたことには、子どもたちが生きていたという事実を伝えるという意味に加えて、遺族自身の秩序を守る働きがあったことが明らかになったのである。
ここで、遺族会にとっての慰霊碑が追憶の秩序として機能しているのであれば、「記憶」ではなく「追憶」型として旧閖中の慰霊碑を位置づけたほうが適切ではないか、という批判もありうる。しかしながら、あえて「記憶」と定めることで、この慰霊碑の独自性を端的に表すことができるのである。次に追憶ではなく記憶と分類する論理を明らかにし、この慰霊碑の本質に迫っていく。

3.2 追憶ではなく記憶とする理由

追憶と記憶の違いとはなんだろうか。この点について双方の霊魂観の違いから説明していく。まず追憶の霊魂観から考えていこう。宗教学者である村上重良は明治以降の政策における国家神道の内容に関して、「親への孝と祖先崇拝は、神を敬い崇敬することと一体であるとされた」（村上 1988: 338）と述べている。明治期以降の人びとは故人の祖霊を神格化し、祈りを捧げていたということである。これに加えて民俗学者の新谷尚紀は、慰霊という言葉には「霊魂を慰めるだけでなくその慰められた霊魂が霊性を獲得して神に祀り上げられ、時としては霊験ある祭神として人々の祈願の対象ともなりうる、という動態までをも含む」と述べている（新谷 2009: 190）。これら二つの霊魂に対する見方は、人びとが祈りの対象とし生活の守護神になるという点において「追憶の秩序」における霊魂のとらえ方に非常に近いということがいえるだろう。

これに対して記憶の霊魂観を考えていく。前提として提示しておきたいのだが、社会学者の浅利宙は死や死別に関する近代化の経験や近代の記憶は、死のありようを自らにとって適切に位置づけていく作動性があるとした上で、「追憶の秩序」のようなあり方から「生や死をめぐる関心の社会的高まりとして示されるような今日的状況に対して、現在を秩序づけ、認識するための枠組みの一つ、道具の一つ」（浅利 2002: 76-77）に変容していると述べる。

では閖中遺族会が現在を秩序づけるにあたって、どのような霊魂観を持つのだろうか。この問いかけには新谷尚紀の Memorial という語に対する解釈を用いて端的に答えることができる。「覚えておくとか記憶しておくということだけでなくそれに加えて死者に共感し抱きしめ慈しむ、決してあなたのこととあの事件のことは忘れないから、というような感覚」（新谷 2009: 189）、つまり死者を祀り上げるのではなく、わが子を抱きしめるような感覚が閖上遺族会には存在しているのである。実はこの感覚は、旧閖中慰霊碑の独自性に大きく関与する。

このことを裏づけるエピソードとともに、結論として旧閖中慰霊碑に独自の機能についてまとめよう。

3.3 「記憶」型の慰霊碑　独自の機能

旧閖中慰霊碑の独自性を、第三者に開かれたパブリックな側面と、遺族と子どもたちとの間に閉ざされたパーソナルな側面という二つの切り口から説明しよう。

まずパブリックな側面だが、遺族の語りまたは「閖上の記憶」において「できれば慰霊碑を肌で触れてほしい。夏は暑いから日陰になってあげたいし、冬は寒いから温めてあげたい」（14・10・23 丹野祐子さん）という声を聞くと、まるで生身の人間にかけるような言葉に違和感を受けるだろう。しかし遺族の人びとはそれを手で撫で、まるで親子の記憶を疑似体験しているかのように涙を流す。この一連の流れに、この慰霊碑の独自性が隠されている。私たちが語りから違和感を受けるのは、わが

写真 2.7　3.11 から 4 年目の慰霊祭で慰霊碑を抱きしめる丹野さん
（名取市旧閖上中学校，2014.3.11）

写真 2.8　慰霊碑前からメッセージ風船を飛ばす（同上）

子を抱きしめるような感覚が慰霊碑に重ねられるからであり、実はそれが「記憶」型なのだと認識する瞬間でもある。そして手を合わせるのではなく、刻まれた生徒の名前に直接触れることで、子どもたちを人びとの記憶の奥底に染み込ませるのが、慰霊碑のパブリックな側面における独自性である。

他方、遺族と子どもたちとの間の閉ざされたパーソナルな側面がある。前述してきたように閖中遺族会は死者を祀り上げて秩序を保つのではなく、わが子の記憶から現在を秩序づけているといえる。ここで一つ問いを立てると、遺族にとって子どもたちは〝もういない〟存在なのだろうか。答えが現実的にイエスだとしても、彼らは決してそう答えない。本格的にかさ上げ工事が始まった閖上では、もはや自宅がどこにあったのかもわからなくなってしまった。そのため閖中遺族会は子どもたちの拠り所（中学校）に足しげく通い、慰霊碑に語りかけ、さらには抱きしめさえする。

その姿は、明らかに「追悼」や「教訓」のような手を合わせる鎮魂の祈りからかけ離れている。「思い出すのはもちろん当時の姿。現実には亡くなったんけど、頭で理解できていないのかな。ひょっ

写真 2.9　灯りがともされた絵灯籠
（同上）

としたらまた会えるんじゃないかと思っている」（15・1・15 櫻井謙二さん）という語りのように、遺族にとって子どもたちは亡くなったけれども、記憶の中では生き続けている。つまりこの慰霊碑は、今なお生けるわが子の記憶と向き合える、親子のパーソナル・スペースなのである。こうしたパブリックとパーソナルな側面が両立しており、この慰霊碑はその機能を最大限に発揮している。

　この旧閖中の慰霊碑は、わが子を忘れてほしくないという願いと、今なお生きる子どもたちの記憶との狭間で揺れ動く遺族会の想いに形を与えたものである。それが「追悼」や「教訓」という従来の定義からは外れた、新たな「記憶」型の慰霊碑を生みだしたともいえよう。従来の機能ではかなえられなかったであろう閖上遺族会独自の慰霊碑は、世界からの来訪者にわが子の記憶を伝え、いまや彼ら自身を守るものになった（写真2・7～9）。

4　「生きていた記憶」と現在を秩序づける装置
――「記憶」型慰霊碑のあり方

震災から間もなく5年を迎える。その月日と比例するかのように、震災慰霊碑の数も増え続けている。しかし、その慰霊碑の保存に警鐘が鳴らされている。犠牲者に対する「追悼」にしても、未来に向けた「教訓」にしても、最大の目的はそれを後世に語り継いでいくことである。だがこれまで災害の歴史で経験してきたように、すべての慰霊碑が望まれた通りに利用されていくわけではない。むしろ「これより先に家を建てるな」という沿岸部各地の津波石にも表れるように、劣化していく宿命を抱えているのが現実である。慰霊碑には碑文がノミで刻まれているが、当然のことながら文字の数には限りがある。碑文では内容が絞られ、碑を建立した人の思いが極限まで凝縮され、無駄のない結晶のようだといえるだろう（佐藤・白幡 2014）。

しかし視点を変えて考えれば、限られた文字から判断しなければならない受け手側の負担が大きすぎるのではないだろうか。特に現代の私たち日本人にとって碑に祈りを捧げ続けるのは簡単なことではない。前述したとおり、日本では死者に対する祈りのかたちが大きく変化している。死者を神に昇華して切り離してきた歴史を踏襲するならば、あらかじめ抽象化された死者＝神への想いを慰霊碑に捧げて祈ることができた。しかし現代人が手を合わせて思い浮かべるのは、抽象的な存在ではなく身近な人の姿である。

旧閖中の慰霊碑は劣化という慰霊碑の宿命を超越するような、新たな可能性を現代に提示した。文字に〈プラスα〉として、身近な人を喚起させるリアリティをもたせたのである。閖中遺族会自身は慰霊碑を親のエゴであると語るが、パブリックな側面では「子どもたちは生きていた」というリアリティが人びとの記憶に語りかけ、追悼や教訓の意味も強固に自覚させる。それだけでなく、パーソナルな面では「現在を秩序づけるための装置」という近代社会が碑に求める機能まで補塡した。このような二面性を備えた旧閖中の慰霊碑は、これから主流化していくべき慰霊碑の理念型を示したといえるだろう。

現在、慰霊碑は旧閖中校舎の土地区画整理事業に伴って日和山（写真2・10〜11）向かいに仮置きされ、将来新設される小中一貫校の校舎に設置されることが決まっている。丹野さんは「今は震災後ではなく、いつか来る震災の前です」（15・3・11）と語る。この慰霊碑が閖上の防災教育のシンボルとして活用され、いつか来る災害への教訓として活かされることを願う。閖中遺族会は生ある限り慰霊碑の面倒をみると話している。今日もわが子の生きた記憶は語り続けられている。

写真 2.10　芽生えの塔
（名取市閖上 2014.10.14）
「亡き人を悼み　故郷を想う　故郷を愛する御霊よ　安らかに」（中央の慰霊碑碑文）

写真 2.11　寄り添いお地蔵さん
（曹洞宗全国宗務所長会建立　同上）

参考文献

浅利宙 2002「近代日本における死をめぐる経験と現代的諸課題」『日本科学共生社会学』2: 63-79.
林勲男 2012「災害を伝える―記憶と記録をこえて」『記憶をつなぐ　津波災害と文化遺産』千里文化財団：173-181.
今井信雄 2001「死と近代と記念行為―阪神・淡路大震災の『モニュメント』にみるリアリティ」『社会学評論』51(4)：412-429.
今井信雄 2002「阪神淡路大震災の「記憶」に関する社会学的考察―被災地に作られたモニュメントを事例として」『ソシオロジ』47(2)：89-104.
井上利丸 2007「震災モニュメントの取材を通じて―変容と増殖の物語」『宗教と社会』13: 283-286.
アンリ・ピエール・ジュディ 2002「祭る文化」（斉藤悦則訳）荻野昌弘編『文化遺産の社会学――ルーヴル美術館から原爆ドームまで』新曜社：229-259.
アンリ・ピエール・ジュディ 2002「地域の集合的記憶」（荻野昌弘訳）荻野昌弘編『文化遺産の社会学――ルーヴル美術館から原爆ドームまで』新曜社：155-182.
金菱清編 2013『千年災禍の海辺学――なぜそれでも人は海で暮らすのか』生活書院
三木英 2001『復興と宗教――震災後の人と社会を癒すもの』東方出版
村上重良 1988『日本宗教事典』講談社
中安美生 1999「震災モニュメントにみるメモリアル形成の動機と行為」『日本建築学会近畿支部研究報告集・計画系』39: 165-168.
小川伸彦 2002「モノと記憶の保存」荻野昌弘編『文化遺産の社会学――ルーヴル美術館から原爆ドームま

で』新曜社：34-70.
荻野昌弘・蘭信三 2014『3・11以前の社会学――阪神・淡路大震災から東日本大震災へ』生活書院
荻野昌弘 1998『資本主義と他者』関西学院大学出版会
大橋靖史 2004『行為としての時間――生成の心理学へ』新曜社
ノラ・ピエール編　谷川稔監訳 2002『記憶の場――フランス国民意識の文化＝社会史〈第1巻〉対立』岩波書店
佐藤健一・白幡勝美 2014『気仙沼市における　明治・昭和津波関係碑（供養碑・記念碑・境標柱他）』
佐藤弘夫 2012「祟り・治罰・天災―日本列島における災禍と宗教」『宗教研究』86(2): 323-346.
新谷尚紀 2009『お葬式――死と慰霊の日本史』吉川弘文館
首藤伸夫 2008「記憶の持続性：災害文化の継承に関連して」『津波工学研究報告』25: 175-184.
若松英輔 2011「協同する不可視な「隣人」――大震災と「生ける死者」」『みすず』53(8): 6-18.

参考資料

非営利活動法人　阪神淡路大震災「1・17希望の灯り」http://www1.plala.or.jp/monument/（2015.10.30 取得）
宮城県公式ウェブサイト http://www.pref.miyagi.jp/site/kannai/suyuriage-panf.html（2015.10.30 取得）
名取市公式ウェブサイト「名取市における東日本大震災の記録」http://www.city.natori.miyagi.jp/soshiki/soumu/311kiroku/index（2015.10.30 取得）
「閖上の記憶」http://tsunami-memorial.org/（2015.10.30 取得）

第3章　震災遺構の「当事者性」を越えて——20年間の県有化の意義

水上　奨之

はじめに

あれから4年あまりが経った。訪問者が途絶えない震災遺構が存在する。東日本大震災による津波に呑まれた南三陸町の防災対策庁舎の傍に立つと今でもなお、線香の香りに包まれる。防災対策庁舎は、錆びた鉄骨の骨組みだけが残り、無残な姿で佇んだままである。

震災直後は生活の再建が優先され、とりわけ防災対策庁舎に注目が集まることはなかった。しかし、4年が過ぎ、少しずつではあるが復興が進み、被災者の心にも少し余裕ができつつある。43人が犠牲になった防災対策庁舎の保存の可否が町を二分している。町は、一度「解体」という結論に至った。しかしながら、村井嘉浩宮城県知事は、「防災対策庁舎は原爆ドームに匹敵する価値がある」という県の有識者会議の報告を受けて、この結論に待ったをかけた。佐藤仁南三陸町長が結論を先送りにするなかで、村井知事が折衷案として打ち出した政策が、防災対策庁舎の「20年間の県有化」であった。正式に保存されるわけではないが事実上の保存とも受け取れる。

家族が亡くなった場所はもう二度と見たくないという理由で反対の意思を示し、県有化を受け入れない遺族も少なくない。ところが保存に「肯定的」な意思を示し、県有化を受け入れる遺族もいる。第三者的立場であれば、防災対策庁舎は「後世の教訓となる」と主張するのはわかるが、〝当事者である〟遺族がなぜ、県有化を受け入れるのだろうか。遺族であるにもかかわらず保存を望むのはいったいなぜなのか。保存か解体かの論争が熱を帯びている震災遺構とは、私たちにいったい何をもたらしてくれるのか。このことを本章で明らかにしたい。

1　震災遺構としての防災対策庁舎

1.1　南三陸町の震災被害

南三陸町は、宮城県北部の本吉郡に位置する。人口は1万4千人ほどで、平成17年に志津川町と歌津町が合併し、ひとつの町となった。東日本大震災による南三陸町の被害は死者６００人、行方不明者２１５人、全壊・流出家屋３１４２戸にも上った（南三陸町ＨＰ）。

防災対策庁舎は、南三陸町志津川にある行政庁舎の一つである。11年3月11日に起きた東日本大震

写真 3.1　震災直後の南三陸町防災対策庁舎

養殖筏のロープや浮きなどのがれきが建物の鉄骨にまとわりついていた（南三陸町 2011.3.27）

災による大津波によってここで町の職員を含む43名が犠牲になった。地震後、鉄骨3階建ての庁舎に職員がとどまり、防災無線で避難を呼びかけるなど災害対応を続けた。しかし12メートルを超える津波に襲われ、屋上に避難した職員のうち助かったのは佐藤仁町長ら10人だけだった（毎日新聞15・7・1）（写真3・1）。

1.2　震災遺構とは

震災遺構とは、震災によって壊れた建物など、被災の記憶や教訓を後世に伝える構造物のことである。被災の傷跡が当時のまま生々しく残る震災遺構は、言葉や文章で伝えるよりも大きなリアリティを示す。

日本学術会議の提言「文化財の次世代への確かな継承—災害を前提とした保護対策の構築をめざして」によれば「災害遺構（震災遺構を含む）は、多くの人命や生活を奪った動かぬ証であり、①鎮魂、②歴史事実、③災害の教訓、④復興への象徴の諸点において、後世に伝えるべき歴史的・文化的遺産としての高い価値をもつ」と指摘されている（日本学術会議 2014）。

震災の被災地では、津波で被災した建物などの保存を求める声があがり、県や市町村で検討が続けられている。選定基準としては住民の同意を得ることや震災当時の様子がしっかり残っていることとな

表 3.1　宮城県の震災遺構（2015.9 月現在）

市町	対象施設	保存の方針	住民の賛否
気仙沼市	旧気仙沼向洋高校	保存	地元協議会が保存を求める提言書を市に提出
南三陸町	防災対策庁舎	県有化	「早期解体」「解体の一時延期」「保存」の陳情を町に提出
女川町	旧女川交番	保存	反対意見なし
石巻市	旧大川小学校	検討中	地元協議会が保存を求める提言書を市に提出
石巻市	旧門脇小学校	検討中	市民アンケートで賛成多数。街づくり協議会は解体要望
東松島市	JR仙石線野蒜駅プラットフォーム	検討中	保存・活用を要望
仙台市	旧荒浜小学校	保存	区民アンケートで7割近く賛成
山元町	旧中浜小学校	保存方法検討中	町民アンケートで7割近く賛成

（出典）http://www.pref.miyagi.jp/uploaded/attachment/286619.pdf
http://www.pref.miyagi.jp/uploaded/attachment/286621.pdf

写真 3.2　旧中浜小学校
震災遺構として保存される（山元町 2014.10.14）

どが挙げられる。

被災した建物を残すか否かを決める議論が行われているが、震災遺構としての価値が認められて保存が決まった建物もあれば、反対が強かったため解体された建物もある。前述した通り、遺構の解体には遺族や住民の意見や心情が大きく結びついている。

すでに保存が決まった震災遺構の代表例としては、宮城県山元町の中浜小学校と仙台市の荒浜小学校などが挙げられる。旧中浜小学校は、県南部の亘理郡山元町に位置する。旧中浜小学校は、海から約400メートルの距離であったにもかかわらず、90名の命を守り、犠牲者を1人も出さなかったことが高く評価され、15年1月に保存されることが決まった（表3・1、写真3・2）。

2　震災遺構の負の宿命

2.1　震災遺構としての宿命

写真 3.3　津波で打ち上げられた第 18 共徳丸

震災遺構として注目されたが，2013 年 9 月に解体された（気仙沼市 2013.7.26）

一般的に震災遺構の役割は「後世への教訓」「追悼」「防災教育に活かす」といった意味合いが強い。このことは東日本大震災の被災地の他の震災遺構においても言えることである。

その他にも震災遺構を町の象徴としてシンボル化することで「観光化に活かす」といった動きもある。たとえば、宮城県気仙沼市の「第18共徳丸」（写真3・3）が挙げられる。市街地に打ち上げられた大型漁船として有名になったものの、住民の意向で解体撤去されてしまった。撤去前までは、第18共徳丸を一目見ようと多くの観光客が気仙沼市に足を運び、記念写真を撮り、船に向かって手を合わせた。そのため市内の商店街も観光客で潤っていたという。

しかし、気仙沼市が13年7月上旬に実施した保存の賛否を問うアンケートで、約7割の市民が「保存の必要はない」を選択し、多数決で8月5日に解体の方針が固まった。解体後、第18共徳丸の存在を惜しむ声が後を絶たなかった。第18共徳丸の近隣にある「復興マルシェ」という商店街では売り上げが激減し、観光客の数も10分の1に落ち込んだ。

このことから第18共徳丸はある種の観光スポットとして気仙沼市の象徴的な存在であったといえる。震災遺構を復興のシンボルとし、被災地を観光化することをタブーとする意見もあるが、復興ないしは町再生の一助となっていることもまた事実である。

南三陸町においても同様のことが起きている。「あれがないことには外部の人が絶対来ないというのは当たり前」(15・5・7内海明美さん)。南三陸町で食堂を営む女性が語るように、防災対策庁舎を目当てに全国各地、そして世界各国から南三陸町への来訪者が絶えない。

ご遺族にとっての震災遺構は、家族が亡くなった場所である。その場所が「復興」のシンボルとして観光の材料に使われてしまうことは耐え難いであろう。しかし、防災対策庁舎を目当てに南三陸町を訪問する人たちがいることもまた事実である。この落差が、震災遺構の宿命とも呼ぶべきものではないだろうか。

2.2　賛成と反対の声

震災遺構についていざ議論すると、保存か解体かの二つの相反する意見に分かれる。第三者が被災した建物に価値を見出し、「教訓として後世に残したい」「追悼の場として保存したい」といった理由で、保存を望むのは自然であるように思える。津波を目の当たりにした者にとっては、教訓としての震災遺構は必要ないのかもしれない。なぜなら、津波の惨劇の経験がそのまま恐怖となって彼らの中に深く刻まれているからである。

しかし、津波を経験していない者にとって防災対策庁舎は保存すべき最適の教科書となりうる。D・ハイデンによれば、建物そのものは、記録（文書）よりも社会的記憶を喚起する力をもつという（ハイデン 1995）。彼女は、文書などの記録よりも、視覚による認識の強さを指摘した。確かに文書も教訓を得る手段の一つではあるが、震災の脅威の証拠そのものを間近で見るリアリティの方が勝るのである。

また、追悼の場として保存したいのは、死者の生前を偲び合掌する場、亡くなった方々に祈りを捧げる場の役割を果たすからである。しかし、家族を亡くした当事者である遺族は、当然「つらい記憶が蘇る」という理由から撤去を望み、保存に反対する声が強いはずである。

しかし、その一方で遺族の中にも保存に前向きな人びとが存在する。理由はさまざまである。たとえば、「うちの両親は80（歳）だから、生きているうちは見ていたいって言う。見たくないという感情もわかるから表立っては言わないけど……」（15・4・20　阿部代子さん）。あるいは、遺構を見てわが子に亡くなった父親の勇姿を目に焼きつけてほしいと願う遺族もいる。

3　20年間の県有化とは

3.1　経済的負担の軽減

このように賛否が分かれるなかで、両者の対立を架橋するような案が宮城県から出された。それが「20年間の県有化」であるが、一言でいえば、「保留」である。結論をいったんストップして、県が保有して維持費を負担し、20年後改めて防災対策庁舎を残すかどうかを判断しようという政策である。保留とは字義上は「その場で決定しないで延ばしておくこと」ある。県有化とは、防災対策庁舎保存か解体かの決断を早期に下すのではなく、十分に議論を重ねた上で最終的な結論を下すまでの猶予を設けることである[1]。

県有化で重要なことは財政的側面である。なぜならば小さな自治体である南三陸町が財政負担できないという立場から保存に反対する町民も少なくなかったからである。震災の起きた11～31年までの20年間、宮城県が防災対策庁舎をいったん預かり、維持管理にかかるすべての費用を負担する。その意味で県有化は得策であるといった見方もできる。ある遺族は語る。

「大賛成ですね。県有化に関してはね。町が負担しなくていいじゃない。遺族じゃない反対派の人たちには、あれ〔防災対策庁舎〕を県有化することによって、町の負担が増えるだろうっていうのを心配してるから、それが全くないということなので、全部県や国がやるって言うんだから、初めの希望通りになったということなんで、いいと思います」（15・5・7内海明美さん）。

仮に防災対策庁舎が震災遺構として保存が決まったとしても、国から南三陸町に支給される復興交付金は保存の初期費用に限られてしまうため、その後の維持管理費は町が負担しなくてはならない。震災前から人口流出に悩んできた町だけに、すでに傷みが進んでいる防災対策庁舎の維持管理費用を

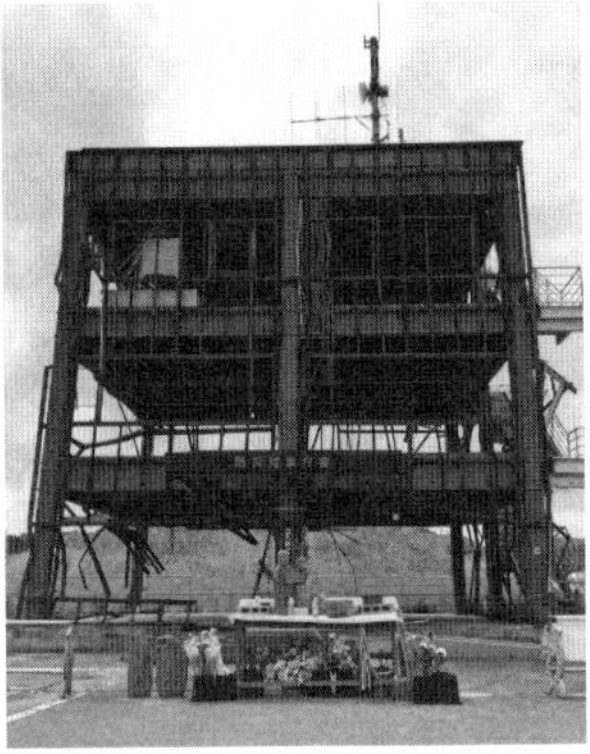

写真 3.4　県有化が決まった防災対策庁舎

周辺はかさ上げ工事が進む。建物正面では献花と焼香が絶えない（2015.6.19）

やりくりするのは非常に困難である。

ただし、震災遺構の県有化は、経済的負担の側面ばかりでなく、遺族側の要望を踏まえた方針の転換ともとらえることができる。次に遺族の認識と心情の変化について考えてみたい。

3.2 遺族の認識と心情の変化

遺族の震災遺構に対する気持ちは震災以降ずっと固定して変わらないものではなく、保存に対する意見が変化したご遺族も存在するのである。初めは解体を肯定していたが、時間がもたらした次のような二つの変化によって保存に対して前向きな考えに変わったのである。

一つめは、外部の人がもたらした環境の変化である。及川渉さんは町の職員である父を防災対策庁舎で亡くした。及川さんは遺族を含む町民が時間をかけて話し合える時間が欲しいという願いから、防災対策庁舎を20年間県に譲渡する旨を記した県有化の請願を、町と町議会に提出した。及川さんはその経緯をこう語る。

「当時は生きるのに必死だったし、正直自分の家族を亡くした場所をそんなに見たいとも思わないし、当時は保存するか解体するかっていう話すらまともに出てたわけでもないので、自然にあゆう建物は全部なくなるんだろうみたいなのがあった」(15・6・3 及川渉さん)。

当初は防災対策庁舎の解体を肯定していた。というのも被災者にとって当初は生活の再建が最優先事項であったため、防災対策庁舎の保存か解体かを考える余裕はなかった。津波の被害にあった建物が次々と壊されていくのを見て、防災対策庁舎もいずれそうなるのだろうと思っていた。

しかし、外部の人が防災対策庁舎を訪れて手を合わせる光景が次第に日常となった。5年近い月日が経った現在もなお人は絶えない。そして周りの瓦礫はすべて撤去され、ぽつんと防災対策庁舎だけが取り残され、いつしか「南三陸といえば防災対策庁舎」といったイメージが外部の人びとの中で生成されていった（写真3・4）。特産物や人ではなく、防災対策庁舎が南三陸町を象徴するシンボルとなった。定期的に南三陸町を訪れる外部の人びとは、必ず防災対策庁舎に立ち寄り、被災地に入る前に気持ちを切り替える場所にしているという。こうした防災対策庁舎をめぐる環境の変化が、ご遺族の意見が変わるきっかけになったのである。

二つめの変化は、故人の供養を済ませるという遺族にとっての節目である。及川さんは意見が変わった経緯をこうも語る。

「亡くなった父親が見つかってようやく葬儀済ませられたとか、遺骨返ってきたとか、そういった家庭内の区切りもあったので、ようやく落ち着いて見られるようになったなっていうのもある」（15・6・3及川渉さん）。

及川さんは震災後1年経って、ようやく亡くなった家族の遺骨をお墓に納めた。その後、及川さんは必ず月命日にお墓と防災対策庁舎に花を手向けに行くのである。

彼はお墓の前では亡くなった家族に日々のことを語りかけ、防災対策庁舎の前では震災の記憶を通して亡くなった町のみんなを想い起こすのだという。及川さんが語るように、亡くした人を供養できたという遺族にとっての〝時〟の節目が、心に変化を刻んだのである。

4　〝当事者性〟を自ら語らない遺族——遺族からみた県有化

もちろん、県有化の方向性が決まっても震災遺構保存の賛否が簡単に統合されるわけではなく、二つの対立する見解が共存する。

県有化に反対する遺族会副代表千葉みよ子さんは、解体を強く訴えて次のように語る。

「知事は町が決めたことに口を挟まないでほしい。町長は解体の約束を守ってほしい。県は二〇三一年まで維持するというが、町に返還された後の維持費はどうなるのか。今後、町の人口はどんどん減る。新しい世代に重荷を背負わせることになる」（河北新報 2015.2.23）。

一度決定した防災対策庁舎解体を翻した町行政への不信と、後世にとって防災対策庁舎が負の遺産になり得るという懸念を露わにしている。

一方、県有化に賛成し、請願を提出した遺族の及川渉さんは先述した二つの変化を踏まえて、次のように語る。

「どれだけ望んでも〔亡くなった家族は〕戻らないものは戻らないので、たぶん建物がなくなったからって自分の気はそんなに晴れないだろうなって。だったら、過去に固執するくらいだったら未来に何か活かせるのかあそこはっていう……。（中略）自分の範疇で考える枠を超えたっていうのかな。自分の感情だけで決められるものでもないと思ったので、そうなったときにやっぱり町だったり、後世のためになるのか、逆に負担になるのか、そこを判断基準にしたいなと思ったんです」（15・6・3 及川渉さん）。

防災対策庁舎で夫を亡くした内海さんは、

「賛成です。考える時間ができたっていうし、ちゃんとした方法で残すって言ってるんだからとりあえず。で長い年月を経て、壊すことも自由ですよって言ってるんだから、急ぐ必要もないし、残すことも壊すこともそのあとできるんだから、それでいいんじゃないかなって思うんですけど」（15・6・3 内海明美さん）。

以上の語りからは二つのことがわかる。一つは家族を亡くされたにもかかわらず、「当事者性」を超えていることである。つまり、自分の子や孫、町民あるいは外部の人を含めた全体の中の個という認識レベルで、この県有化を考えているのである。もう一つは県有化は保存するためではなく、あくまでみんなが話し合う期間を設けるためであるという積極的な認識である。

このような認識に至った背景の一つとして「時間」が挙げられる。及川さんの語りからわかるように時間の経過が心を落ち着かせ、当事者から全体の中の個という認識を導いたのである。この「当事者であるが、当事者ではない」という認識を「当事者性の乗り越え」と呼び、次節で議論を進める。

5　原爆ドームの保存に学ぶ

当事者性の乗り越えは、遺族にとって大切な主体性を否定するようにみえるが、必ずしもマイナスの意味合いで用いていない。ここでは「時間」が当事者性を超越した事例として、原爆ドーム保存の歴史を遡ってみる。

過去に起こった未曾有の大災害や戦禍の遺産のシンボルとして第二次世界大戦末期の45年8月、原子爆弾によって被爆した広島市の原爆ドーム（元広島県産業奨励館）がある。原爆ドームは永久保存されているが、その保存の経緯を考慮しつつ、比較していく。

社会学者の濱田武士によれば、戦争の惨劇を物語る原爆ドームが平和のシンボルとなった要因は原爆ドームそれ自体にあるのではなく、保存の取り組みにこそあるとしている。非戦争体験者が、被爆の経験にまなざしを向け、平和の理念を媒介として募金活動などの取り組みに参入した結果として保存が実現し、原爆ドームが被爆の記憶を代表する存在となった（濱田 2013）。このことから国内の平和への関心の高まりや非戦争体験者の保存運動への参入が原爆ドームの保存を実現するとともに、被爆者の遺族も当事者としてではなく、平和を願う一国民として保存に賛同したといえよう。

原爆ドームが永久保存に至るまでの経緯について、濱田によれば、戦後間もないこの時期における原爆ドームは広島市民の「3割以上が解体を望んでいたことが明らかになったが、建設案の見直しや、合意形成などの対応が図られることはなかった。いずれにせよ、最大の目的は、早急に復興に取り掛かることだった」（濱田 2013: 103）。また、観光学者の島川崇によれば、「原爆ドーム保存に対する強い意見は提示されておらず、米国からは撤去の圧力を受け、住民からは生活の復興を優先してほしいとの要望」（島川 2012: 29）で、当時は保存か解体、そして「放置」という選択肢が存在したとしている。限られた予算を有効に使うために生活の再建が最優先され、原爆ドームは放置されたのである。

原爆ドームから学べることとは、「時間」が重要であるということである。1966（昭和41）年に永久保存が決まった原爆ドームも、長い歳月を経て結論を出すに至っている。そのことを裏づけるように、原爆ドーム保存か撤去かの選択を迫られた広島市民からは「当時の広島も保存の議論で町全体がぎくしゃくしていた。つらい遺族の感情は、戦争も震災も同じ。防災対策庁舎も、残すかどうかの結論を焦ってはいけない」（河北新報2015.1.29）という声が寄せられている。

南三陸町の防災対策庁舎も時間をおくことで環境が変わるとともに、ご遺族の心情にも次第に変化がもたらされた。「自分の範疇で考える枠を超えたっていうのかな。自分の感情だけで決められるものでもないと思った」（15・6・7及川渉さん）。防災対策庁舎を訪れる外部の人びとの姿を見て、自分だけのものではないことに気づかされた。それゆえ保存か解体かの決断を当事者だけで下すのではなく、さまざまな声に耳を傾けることが重要なのである。「遺族のものじゃないし、遺族に決定権はない」（15・5・7内海明美さん）。この言葉からも、防災対策庁舎はあくまで町のもの、ひいてはみんなのものであるといった認識が感じられる。こういった声が県有化を後押ししたともいえる。そしてこの考えこそが、自分こそは当事者であるという意識を遺族から徐々に取り除いていくのである。

以上からわかることは、「時間」が人びとの感情を落ち着かせ、冷静かつ客観的な判断を可能にさせたということである。災禍から間もない時期の保存の賛否の論争は、人びとに無用な敵対感情や混乱などを与えかねない。どちらの判断が下されても、どこかにシコリが残ってしまうだろう。

しかし、そこに「時間」を与えることで保存・解体どちらの意思表示もオープンにした。時間が当事者性を乗り越えた結果、両派が自らの感情を鎮めて冷静な議論を可能にさせたのである。

6　感情の煽りから感情の鎮めへ

防災対策庁舎の保存か解体かの議論は幾度となく繰り返されてきた。しかし、人口1万4千人ほどの町で、自らの意思を表明することは容易ではない。たとえば、保存に賛成すると、「観光化が狙いだ」と保存反対派のバッシングの標的になってしまう。

負の遺産のシンボルである原爆ドームの永久保存にも20年という歳月が必要であった。「時間」は人びとの認識と心情の面で変化を与える。外部のさまざまな人びととの交流や環境の変化、供養という節目などがご遺族に変化をもたらしているのである。

県有化はみんなできちんと話し合うための時間を設ける「保留」という側面をもつ一方で、遺族自らが「当事者性の乗り越え」を発揮させる側面も併せもっている。当事者は本来自らの意見を主張するが、とりわけ震災においては遺族が前面に出ると、感情の起伏（煽り）を招いてしまう。

そうであるならば、20年間の県有化は時間を確保することで、未来のあり方を子ども世代に委ねて冷静に考えることが可能となる。また、そうすることで遺族間の溝を深める無用な対立を避け、本来の死者に対する静寂さや祈りを守ろうとしているのである。

県有化を一言で「保留」と述べたが、内田樹が説くように、人間はカテゴライズできない問題やすぐには解決できない問題をいったん保留という形で宙吊りにしておく智慧がある。このことが県有化の本質であろう[1]。

保存か解体かの議論は、とくに遺族の感情を不必要に煽り、それが対立や混乱につながりかねない。一方で、県有化には必然的に「時間」が介入するため、遺族の感情は鎮められ、対立ではなく、歩み寄り、ないし和解のなかで結論を模索することになる。遺族があえて県有化を受け入れるのはその「時間」の重みを理解し、自分を含む遺族たちの感情を鎮め、悲しみや苦しみからの救済を願う選択であったのである。

注

1 哲学者の内田樹によれば「人間というのは、きちんと理解してけりがついた問題については考えない。人間が考えるのは、常に片づかない問題についてだけです。われわれは大事なことをこそ、『片付かない問題』というカテゴリーに放り込むのです。そしてたえずそれを意識の前面に置くようにしてゆく。ちょうどやりかけの仕事をパソコンの『デスクトップ』のいちばん目立つところに置いておくようなものです」(内田 2004: 214)。

参考文献

頴原澄子 2005「原爆ドーム保存の過程に関する考察 一九四五年―一九五二年―原爆ドームの建つ敷地および原爆ドーム本体の扱われ方について」『日本建築学会計画系論文集』596: 229-234.
遠藤祐太 2013『震災遺構となった学校と歴史的環境の保存』東北学院大学教養学部地域構想学科総合研究

濱田武士 2013「戦争遺産の保存—原爆ドームを事例として」『関西学院大学社会学部紀要』116: 101-113.
D・ハイデン 後藤春彦・篠田裕見・佐藤俊郎訳 2002『場所の力——パブリック・ヒストリーとしての都市景観』学芸出版社
荻野昌弘編 2002『文化遺産の社会学——ルーヴル美術館から原爆ドームまで』新曜社
荻野昌弘・蘭信三編 2014『3・11以前の社会学——阪神・淡路大震災から東日本大震災へ』生活書院
島川崇 2012「被災惨禍の観光資源としての保存過程における住民意思の変化と首長・議会の役割—広島・原爆ドームを事例に」『日本国際観光学会論文集』19: 27-31.
島川崇 2014「東日本大震災の被災地における惨禍の保存と観光に関する地元住民の意識」『日本国際観光学会論文集』21: 47-52.
内田樹 2004『死と身体——コミュニケーションの磁場』医学書院
内橋克人 2011『大震災のなかで——私たちは何をすべきか』岩波書店
吉田典史 2012『震災死——生き証人たちの真実の告白』ダイヤモンド社

参考資料

朝日新聞朝刊 2015.4.6「震災遺構保存～思い交錯」
河北新報朝刊 2013.8.6「共徳丸保存断念」2014.6.23「仮設から仮設へ」2015.1.29「時間かけて判断を」2015.2.23「重い選択　揺れる心」
群馬県立文書館 2011「東日本大震災で津波被害を受けた自治体の公文書」宮城県南三陸町 http://www.archives.pref.gunma.jp/20110311-hisaibunsyo/20110311-hisaibunsyo-hou/20110311-hisaibunsyo-hou-minami.pdf

毎日新聞東京版朝刊 2015.7.1「宮城・南三陸町庁舎：県有化　町長、即時解体見送り　31年まで」
南三陸町公式ウェブサイト「東日本大震災による被害の状況」http://www.town.minamisanriku.miyagi.jp/index.cfm/17,181,21,html
日本学術会議 2014「提言　文化財の次世代への確かな継承――災害を前提とした保護対策の構築をめざして」http://www.scj.go.jp/ja/info/kohyo/pdf/kohyo-22-t193-6.pdf
山元町震災伝承検討委員会 2015「震災の記憶を後世に伝える震災伝承及び震災遺構の保存・活用に関する提言書」http://www.town.yamamoto.miyagi.jp/uploaded/attachment/2855.pdf

第4章　埋め墓／詣り墓を架橋する——「両墓制」が導く墓守りたちの追慕

斎藤　源

山元町坂元地区中浜

はじめに

東日本大震災の津波により、先祖供養の危機に陥っている地域がある。家屋や思い出の品などさまざまなものが流されてしまったなか、お墓も例外ではなかった。墓石だけでなく遺骨までもが流されてしまった家もあった。お墓で亡くなった人に語りかけ故人を偲んだり、自らの近況を報告していた人びとは、震災後その場を失った。

彼らの強い意志によってお墓の移転が決まり、先祖供養の問題は解決したかにみえたのだが、人びとの話を聞いていくと必ずしも心のうちで解消しない問題が存在した。表面的に見れば、お墓参りは新たに建てられたお墓で行われているが、心の内奥では元の流されたお墓への想いが存在していたのである。元のお墓があった土地には現在、大きな慰霊碑が建てられているのだが、手を合わせる際、慰霊の気持ちだけでなくご先祖様への想いも抱いていることがわかってきた。

実際に新しいお墓を建てていた人に慰霊碑での祈りについて尋ねると、「本来の役割である慰霊という気持ちもあるけど、〔顔の見えない〕ご先祖様がいるっていう想いも強いですね」（14・12・9千尋よしみさん）と語ってくれた。ご先祖様への祈りは本来お墓で行われるはずであるが、元の場所に建てられた慰霊碑でも行われていたのである。なぜ、お墓と慰霊碑という異なる場の両方で、ご先祖様の供養として手を合わせているのだろうか。本章では以上の問いに対して、すべてが津波で流された宮城県山元町坂元地区中浜を事例に取り上げ、死者への追慕である生者の祈りに対する疑問に答えることを目的としている。

1　お墓を建てる意味とは

山元町は宮城県の最南端に位置する。震災直前の人口は1万6695人（平成23・2・28現在）、基幹産業は、東北一の規模を誇っていたイチゴ栽培などの農業や漁業である。山元町における震災死者数は636人（平成27・2・17現在）である。その中でも海岸沿いに位置するのが坂元地区中浜で、海岸からほど近く居住者が少ない地区としては甚大な被害であった（山元町HPおよび「山元町を襲った大津波の証言」）。

中浜では、震災後お墓の再建が重要視されていた。多くの生活不安を抱えながらも、お墓のことを優先して考える人もいたほどである。千尋よしみさんもお墓の再建を重要視していた一人であり、津波で流されてからお墓がないことへの不安を抱きながら生活していた。お墓が建つまでは、どこかに遊びに出かけようとしてもご先祖様に申し訳ないという想いから行けなかったという。なぜこれほどまでに、お墓を大切にするのだろうか。

その理由を知るために、中浜の人びとに話を聞いていくと、ある共通した想いを抱いていることがわかった。ご先祖様がいるからこそ今の自分がいるという心情である。当たり前のように感じるかもしれないが、お墓参りに行く際に、「ご先祖様のおかげで自分がいるのだ」と考える人は少ないのではないだろうか。中浜の人びとは、幼い頃から両親や祖父母の教えでご先祖様への深い感謝の念を持っており、大人になった今でも変わることがない。この想いはごく自然なものである。また、ご先祖様に感謝しながらお墓参りに行くことで、徐々に自らも将来お墓に入るという意識が芽生え、よりお墓を大切にしていく。お墓はご先祖様のためにも、自らのためにも重要な存在となっている。

「私達にとってお墓があるのとないのとでは気持ち的にも大きく変わってくるんですね。そういう意味でもお墓は心のよりどころのような存在なんですよ」（14・12・9　菅野みさこさん）。この言葉から、安心した生活を送るためにもお墓を重要視する理由が伝わってくる。

ここまで中浜の人びとのお墓への想いを明らかにしてきた。お墓の早期復興を望む中浜の人びとの動きを次節から見ていきたい。

2　中浜墓地の復興

2.1　お墓移転の動き

中浜の海岸沿いには現在家もなく、約半数の人が仮設住宅で暮らしている。一般の家庭だけでなくお寺も津波被害に遭っている。その中に、徳本寺《とくほんじ》というお寺がある。徳本寺の本堂は、内陸部にあるため無事であったが、中浜墓地は津波によって壊滅してしまった。中浜墓地は震災前、徳本寺のお墓であったが、震災後、徳本寺境内地に移転すべく造成工事を行い、現在、中浜新墓地という名称で使用されている。

お寺とともに墓地を管理するのが、墓地管理運営委員会のおもな仕事であり、各契約会[1]の代表者が務める。新しく墓地を購入したい人がいる場合、住職さんと連携して立ち会いや許可手続きを行う。ほかに、墓地の清掃なども年に何度か行うが、最近では活動が省力化され減ってきている。祭壇の貸出しや修繕管理など、葬儀に関わるものは契約会との共有財産であり、その財産を管理していたのも墓地管理運営委員会であった。震災後は、墓地復興委員会へと名前を変えた。実際に中浜新墓地が再建されたのは14年5月であるが、話し合いの準備は中浜の人びとが仮設住宅への入居を終えた11年7月頃から進められた（写真4・1〜2）

新墓地建設時点では被災した中浜の人びとの所在が全くわからない状況であった。なぜなら、家が

写真 4.1　徳本寺（山元町坂元地区中浜 2014.10.7）

写真 4.2　再建された中浜新墓地の縁満塔（徳本寺境内 2014.10.7）

震災後に収集された有縁無縁の遺骨・砂なども合葬されている

流され避難所に身を寄せる人や中浜を離れて親戚の家にいる人など、さまざまな理由から所在地がバラバラになってしまったためである。そこでまずは、お墓の再建は被災者の所在確認からスタートすることになった。

居場所を特定するのは非常に困難であったが、徳本寺住職の早坂さんや契約会の役員が協力し、お寺に保管されている檀家さんの個人情報からどこに住んでいるかを調べ、その住所に今後のお墓への意向を尋ねるアンケート用紙を送り、返信を待った。その後、ようやく話し合いが始まった。

アンケートはお墓の移転に賛成か反対か、個人で移転するか墓地管理運営委員会に一任するか、遺骨も個人で処理するか委員会に一任するか、などを質問形式にしたものである。なかでも、津波によって倒壊した墓石の処理をどうするかが問題で、個人で処理するのはとても大変な作業になる。そんな時、町が名目上がれき処理の一環として引き受けてくれることになった。墓石のうち、○○家と書かれている竿石《さおいし》という部分は、業者の方も手をつけることをためらったため、石屋さんに引き取りと安置をしてもらうことになった。

お墓の移転についての檀家さんの返信は、ほとんどの人が移転に賛成という回答であった。これは住職さんも中浜の住民も〝意外な〟結果だったという。話し合う前は、「みんなの意見がまとまらず何年もお墓が建てられないのではないか」（14・10・23 徳本寺住職・早坂文明さん）という不安を抱いていた。なぜ対立もなくこのようにスムーズに意見がまとまったのかを、次に明らかにしていく。

2.2　早期復興に至った要因

お墓の再建がいち早くまとまった大きな理由として、次のような二つが考えられる。

一つめは、誰もが同じ場所で再建するのは無理だと思うほどの光景が広がっていたことである。震災後の中浜墓地は、がれきの山のようになっていたという。墓石は流され、あたり一面に転がっていた。当時の状況を目のあたりにして、同じ場所に再建しようと考えた人はいなかった。周囲の地盤が沈下したことで、危険と判断されたことも人びとのお墓移転の決断を早めた。

二つめは、契約会によって形成された地域コミュニティの存在である。中浜でも昔から冠婚葬祭などの行事はほとんどが契約会によって行われていた。しかし、葬儀業者の普及などの影響で、最近では契約会としての仕事はなくなっていた。それでも契約会による地域コミュニティの関係性は、たとえ人びとがその土地を離れても根づいており、契約会のつながりがあったからこそ話し合いもスムーズに行うことができたのである。契約会のつながりは、親戚同士の関係に近い。人生の節目にあたる冠婚葬祭を共同で行うことによって、強い関係性が築かれてきた。また、金銭の貸借も契約会内で行われており、やりくりの苦しい時の葬儀費用なども出し合ってきた。助け合いの関係が構築されていたことが、共同の機会が減った今でも、地域コミュニティが根づいている大きな理由である。

以上の理由から中浜墓地の早期移転が決まり、心のよりどころであるお墓を守ることができた。これによって、震災前と同じように先祖供養ができるかに思われたのだが、実際に聞き取りを進めていくと中浜の人びとの心には違った想いが存在していた。元のお墓への想いが募っていたのである。なぜ、お墓の再建後も元のお墓への想いが残っているのだろうか。

3　お墓への想いを託された千年塔

3.1　遺骨が見つからない

中浜では津波によって多くのお墓が流され、どこに自分の家のお墓があったのかもわからない状況であった。同時に多くの家の遺骨も流されてしまった。お墓の下に埋められたはずの遺骨までも呑み込んでしまう津波は、どれほどすさまじい威力だったのかを物語っている。お墓だけでなく遺骨までも見つからないことは、中浜の人びとにとって不安であった。

お墓の移転はどうにか決まっても、遺骨はどうすることもできない。そこで、中浜の人びとは元のお墓のあった地に足を運び、砂を拾っていたという。なぜならば、骨は土に還るという考えがあったからである。遺骨が見つからないのなら、せめて砂を持ち帰りそれを新たなお墓に納めようと考えた。新たなお墓ができるまでの間、遺骨や砂は徳本寺の位牌堂に納められていた。

土に還るという考え方について、宗教学者の島崎義孝は、「遺体はしだいに腐食し、やがては土に還るという過程を、人々は自然な現象として受け入れていたのだ」（島崎 2007: 100-101）と述べている。砂をお墓に納めれば、ご先祖様をお墓に戻したことになるのである。

しかし、遺骨が砂に還ったと考えると、いまだに元の場所にご先祖様が眠っていると捉えることができる。すべての砂を持ち帰れるわけではないため、遺骨はまだ元のお墓にある。そういった心情が、元のお墓への想いを募らせる大きな理由にもなっている。

やはり、遺骨の有無は大切であり、奇跡的に遺骨が見つかった人に聞き取りをしたところ、元のお墓への想いはそれほど強くないという。一方、遺骨が見つかっていない人にとっては、まだ元の場所にご先祖様の霊がいると感じられ、足を運びお参りをしたいと思っていた。

そうしたところに慰霊碑が建てられたのである。こうして慰霊碑は、中浜の人びとにとって非常に重要な存在となった。

3.2　千年塔の概要

震災後更地となっていた中浜墓地跡の土地に建てられた慰霊碑は、千年塔と呼ばれている（写真4・3〜4）。震災から2年が経過した13（平成25）年3月2日、厳かに開眼法要が営まれた[2]。千年塔は、日本石塔展覧会事業協同組合が各被災地に贈りたいと、建立されたものである。千年に一度

写真 4.3　中浜墓地跡に建てられた千年塔（震災慰霊碑）

（山元町坂元地区中浜 2014.12.2）

写真 4.4　千年塔に手を合わせる人たち

後ろは奇跡的に校舎が残った旧中浜小学校（2015.2.11）

といわれるこの震災を、千年先まで伝えていきたいという願いがこの塔に込められている。それにしても、なぜ徳本寺境内の新墓地ではなく、元のお墓の場所に千年塔が建立されることになったのだろうか。

徳本寺の住職である早坂さんの関わる三つの地区の中で、墓地が移転することになったのは中浜だけであった。この二つの地区では中浜ほどの被害はなく、同じ場所で再建が可能であったため、元々お墓があった場所で復興された。個人のお墓の再建と共に慰霊碑も建立されたのだが、中浜は元のお墓があった土地に何もない。長い間、ご先祖様の遺骨を納め、お参りしていた土地に何もなくなってしまうのは、中浜の人びとにとってつらいことだったのだろう。

「拝む対象が何もない状態では、その土地を保つことは難しかったと思うんですよ。日本人の考え方として何もない土地に手を合わせるより、何か手を合わせる対象が欲しいと思うものですしね」（14・11・14 早坂文明さん）。

慰霊碑を建てたいという意向を石材屋さんから受け取り、それならば中浜が最適ということになった。話を聞いた中浜墓地使用者が、千年塔の隣に、津波によって亡くなった人たちの名前を刻んだ石碑も建ててもらえないかと区に相談し、千年塔と同時に建立することになった。お寺、住民、区、石材屋さんとさまざまな人たちの想いがつながり、建立が実現した。千年塔の管理は徳本寺が行っているが、住民や区も一緒に管理をしている。

被災地を視察に訪れた人びとの多くは、千年塔に手を合わせていくのだが、慰霊碑として建てられているため、震災によって亡くなった人びとの冥福を祈り手を合わせる人が大半だろう。

しかし、ここで一つの疑問が浮かんでくる。中浜墓地を使用していた人びとにとっては元のお墓があった場所である。そこに千年塔が建てられ、手を合わせたとき他の人たちとは違った感情を抱くのではないだろうか。新たなお墓を建てたとはいえ、気持ちの整理をつけることはできるのだろうか。

3.3 中浜の人びとにとっての千年塔

千年塔で合掌している人に聞き取りをしてみると、ほとんどの人がご先祖様を想いながら祈っていた。これは3・1で述べた、遺骨が見つからないために元のお墓にまだご先祖様の霊がいると感じていたことが大きい。「ご先祖様のすみかは徳本寺の中浜新墓地に移ったんですよ、という思いで（千年塔に）手を合わせるのがいいのかなと思うんですよ」（14・11・14 阿部照美さん）。この言葉から、中浜の人びとにとって千年塔がどのような存在であるかが伝わってくるだろう。

また、震災以前、中浜の海岸沿いにあったのはお墓だけではなかった。駅があり、家々が立ち並び、人が多く住んでいたのである。駅周辺は、仙台への通勤も便利であり、賑やかに栄えていた。新興住宅地に近いものがあったという。

この土地に長い間暮らしてきた人にとっては思い入れが強くなって当然だろう。駅周辺に40年ほど前から住んでいた阿部照美さんは、「長い歴史に比べればたかが40年だけど、愛着はありますね。やっぱり、（住んでいた場所に）行きたくなるんですよ」（14・11・14）と、想いを語ってくれた。現在の更地の状態からかつての中浜を想像することは難しいが、何もない場所に確かに人びとが暮らしていたのである。千年塔はそれを思い出させてくれるのであり、中浜の象徴になっている。

元は震災で亡くなった人たちの慰霊碑であったのだが、人びとのご先祖様への想いが役割を変えた。もちろん今でも慰霊碑であることに変わりはないが、それに加えてお墓としての役割も担っているといえるだろう。

4 「両墓制」から見える中浜の祈り

4.1 両墓制の概念

前節まで、慰霊碑を先祖への追慕の念とともに見つめる人びとがいることを明らかにしてきた。中浜の人びとの心情をどのように考えればよいだろうか。4節では、民俗学の「両墓制《りょうぼ》」という知見を借用しながら中浜の事例を捉えなおしてみたい。

一般に日本では、遺体を埋葬した場所に死者供養のための石塔を建てて墓とする。しかし、地方によっては遺体を埋葬する墓地と石塔を建てる墓地を別々に離して設ける例がある。一人の死者に対して墓が二つあることから、民俗学では一般的な事例である単墓制と区別して、両墓制と呼んでいる（新谷 1991）。

「両墓制」において存在する二つの墓は、埋め墓（ウメバカ）と詣り墓（マイリバカ）に分けられる。埋め墓とは遺体を埋める場であり、詣り墓とは埋め墓と異なる地点に石塔だけを建てる場である。墓を二つに分ける大きな理由として、死穢忌避の観念が挙げられている。人びとが死者を穢れとして恐れ、死者を埋めた墓に足を運ぶことを嫌がったため、別の場所にお参りをすることになった。

これまで、埋め墓には基本的にお参りはせず、詣り墓にお参りに行くのが通説とされてきた。しかし、民俗学者の新谷尚紀は「石塔墓地の方へのみまいり埋葬墓地は早めに放棄してしまうというタイプの事例というのは、実際には非常に少なく、逆に埋葬墓地の方へも埋めたあとがわかる間はずっとまいり続ける」（新谷 1991: 233）という事例が圧倒的に多いことを明らかにした。もとは死穢忌避の観念から別々の墓を設けていたが、徐々に人びとの考え方が変化し、埋め墓にもお参りをする習慣が生まれたと新谷は見ている。

4.2　新たな両墓制の形

中浜の場合、新しいお墓ができたことによって表面上お墓は一つであり、民俗学的にいえば単墓制である。しかし、人びとの心情を見ると二つの参るべきお墓が存在すると考えられるため、これを一種の「両墓制」と捉えることができる。

中浜では、お墓と慰霊碑という異なる場でご先祖様に対して祈っている。その大きな理由の一つとして、遺骨の有無が関係している。遺骨が見つかっていないために、まだ元のお墓のあった場所にご先祖様の存在を感じる人もいるのである。遺骨が見つからなかった人びとが、代わりに砂を持って帰ったというのは、それだけご先祖様の遺骨が重要であることを意味している。そういった人びとは新しいお墓に手を合わせるだけではどこかスッキリしない気持ちがある。言い換えれば、千年塔とお墓という二つの場で合掌することで心の安定化をはかっているのである。すなわち、千年塔とお墓のどちらにも遺骨があり、そこに先祖の霊がいると感じている。それゆえどちらか一方ではなく両方にお参りすることで「お墓参り＝先祖供養」を成立させているのである。

4.3　心情に合わせた両墓制の意味

両墓制研究において、お参りする人びとの「心情」に即した研究はあまり見られず、どちらかといえば形式に重きを置いているように思える。もちろん、死穢観念のように、死体を恐れるという感情から両墓制が成立したと述べられているが、現代におけるお墓参りや先祖供養に焦点を当てたものは多くない。

本稿では、お墓と慰霊碑を対象にしたため、完全に両墓制と比べることはできないが、人びとの心情に共通するものはある。すなわち、人びとの語りから見えてきたのは、死穢観念ではなく、遺骨を大切にする考え方である。この考え方を前提として、二つの異なる場で祈ることで「心が安定する＝お墓参りの成就＝先祖供養の成立」が明らかとなった。これは、過去の両墓制研究では見られなかった視点である。

二つのお墓が存在すると考えることによって、お参りする人の心情に合わせた先祖供養が可能になった。つまり、死穢観念から遺骨を大切にする考えへの変化に応じて、お墓参りの仕方も変えることができる。二つのお墓があるからこそ、両方をお参りして安心することが可能になったのである。即断するわけにはいかないがこれらの知見から考えられる可能性として、両墓制とは従来より、先祖の霊魂に対する人びとの心情、身の丈に合わせることができる柔軟性を持ったお墓の型といえるのではないだろうか。

注

1　契約会（契約講）とは、東北地方で多く見られる村組で、集落組織として発達したものである（小谷2012）。中浜は大きくて分けて、北、中、南に分かれており、この三つの地域の契約会と後からできた一つを合わせた四つの契約会が存在する。一つの契約会あたり約50軒の家で構成されている。契約会にはさまざまな決まりがあり、会に登録する名前は、働き手として活動できる家の戸主でなければならないなど、厳しい規定があった。

2 開眼法要とは、仏像を造る際、大部分を完成させておいて最後に眼を描き込むことにより、像に魂を吹き込む儀式である。

参考文献

浅利宙 2002「近代日本における死をめぐる経緯と現代諸課題」『人間科学共生社会学』2: 63-79.
仏事ガイド編集部編 2012『永代供養墓の本』六月書房（増補改訂5版）
井上治代 1990『現代お墓事情――ゆれる家族の中で』創元社
石川都 2002『死の文化誌――心性・習俗・社会』昭和堂
岩田重則 2006『「お墓」の誕生――死者祭祀の民俗誌』岩波新書
金菱清編・東北学院大学震災の記録プロジェクト編 2013『千年災禍の海辺学――なぜそれでも人は海で暮らすのか』生活書院
加藤正春 2013「柳田国男の両墓制論―沖縄の葬墓制と両墓制研究」『沖縄研究ノート』22：1-23
小谷竜介 2012「契約講と春祈祷―震災前のくらしと後」日髙真吾編『記憶をつなぐ　津波災害と文化遺産』千里文化財団：37-38.
前田俊一郎 1996「両墓制の誕生とその後―明治期に成立した両墓制を考える」『常民文化』19: 1-32.
槇村久子 1990「家族形態及びライフスタイルの変化と墓地のあり方」『造園雑誌』53(5)：281-286.
最上孝敬 1980『詣り墓』増補版　名著出版

本林靖久 1995「現代の家族変動と墓の変容―女子学生への意識調査を手がかりとして」『言語文化研究　中部大学女子短期大学紀要』6: 147-169.
長沢利明 2011「葬送と肉体をめぐる諸問題」『国立歴史民俗博物館研究報告』169: 107-136.
中筋直哉 2001「〈社会の記憶〉としての墓・霊園―「死者たち」はどう扱われてきたか」『歴史的環境の社会学』新曜社：222-244.
大野一郎 1985「今、両墓制とは何か―その存続・消滅をフィールドで考える」『常民文化』8: 51-63.
島崎義孝 2007「〈生死（しょうじ）〉と〈生死（せいし）〉のグラデーション」『藍野学院紀要』21: 93-105.
新谷尚紀 1991『両墓制と他界観』吉川弘文館
曹洞宗 2012『向きあう――東日本大震災』笹氣出版印刷株式会社
鈴木岩弓 2013「霊と肉と骨―現代日本人の死者観念（第五十六回 智山教学大会講演）」『智山學報』62:1-49.
鳥越皓之 2002『柳田民俗学のフィロソフィー』東京大学出版会
和田謙寿 1971「日本仏教文化史上における墳墓成立の条件」『駒澤大学佛教学部論集』2: 20-34.
横山千代彦 1989『東北の農村社会』宝文堂

参考資料

「山元町を襲った大津波の証言」memory.ever.jp/tsunami/shogen-yamamoto-cho.html
山元町公式ウェブサイト「東日本大震災および津波の被害状況」http://www.town.yamamoto.miyagi.jp/site/fukkou/324.html（2015.10.30 取得）

第5章　共感の反作用——被災者の社会的孤立と平等の死

金菱　清

はじめに

次のような問いを立ててみよう。10人の家族や親戚を失った人と2人の家族を失った人では、どちらの死の事実のほうが重たいだろうか？　それは前者の方だろうと答えがすぐに返ってくるだろう。悲劇性を競い合うかのように、テレビや新聞の報道がなされた。単純な算術を用いれば、10対2で前者のほうが5倍重く、災害の代表性として採用されうる。だがこの考え方そのものが無効だとすれば、社会的事実や災害支援の枠組みそのものが変わる可能性を秘めている。

宮城県塩竈市に住む高橋匡《きょう》美《み》さんは、自宅マンションで被災して地震の被害はあったものの、津波の被害はなかった。しかし、石巻市の日和山を海岸沿いに下った南浜町の実家に暮らしていた両親は津波の犠牲となり、故郷の町は壊滅した。その後ショックから匡美さんは無気力に苛まれ、人間としておよそ健全とは思えない暮らしをしていた。買い物はおろか一歩も家の外に出ず、食べて排泄して、夜か朝かわからない状態で複数の睡眠導入剤を飲み、無理やり寝るだけの生活であった。

匡美さんの語りに耳を傾けていると、「社会的疎外感」が過度に醸成されて、多くの被災者に共通する特徴がありながら、それが「自分だけ」という虚無感になっていたことがわかってきた。「津波の被災地の仮設住宅には多くの物資が届き、芸能人の慰問、ボランティアの投入があり、それが報道されているが、両親を亡くした私には現地の災害の情報すらも来ない。両親が津波の犠牲になり、故郷が滅茶苦茶になったというのに、私は『被災者』ではないのか」という自問自答である。誰もこの声にならない問いに答えてこなかったし、そもそも問うことすら憚られた。

しかしながら、これは震災に関与してきたすべての人に突き刺さる問いかけである。すなわち、報道関係者は被災地のみを取材し、ボランティアは経済的・人的資源を避難所や仮設住宅に集中投下し、研究者は被災コミュニティにのみ焦点をあててきた。被災をクローズアップしてそこに光が当たれば、わかりやすい「物語」を描くことができるからである。

ホットスポットができる反面、強い光の反作用として「コールドスポット」とでも名づけられる暗い影が、社会的に見過ごされてしまう。本章では匡美さんの体験をもとに、このコールドスポットの醸成とその融かし方を読み解くことで、ボーダーラインの越境を試みたい。

1　3・11直後の体験

高橋匡美さんは、宮城県仙台市にほど近い塩竈市に暮らしており、3月11日自宅のマンションで激しい揺れに遭遇した。立っていることが困難で四つん這いになり、その揺れに耐えた。見上げると、台所は冷蔵庫や食器棚の中身が散乱し、家具も大きく移動していた。オーブンや電子レンジも落ち、朝作ったお味噌汁も鍋ごと床に散乱して、あらゆる匂いが充満している有様であった。

外では、防災無線放送が津波の襲来を告げる放送とサイレンを不気味に鳴り響かせていた。この音を聞くといまでも動悸がして吐き気を催し、頭痛がするという。街のあちこちで火事が起きたのか、黒煙が数本立ち上がっていた。当時高校二年生だった息子とは無事に連絡がとれたが、自分たちの身にその後降りかかる「不幸」についてまだわかっていなかった。

息子が夜12時近くになって無事に帰宅すると、息子と車に乗り込み、信号も消えた夜道をとにかく両親のいる石巻方面に車を進めた。カーラジオからは荒浜の海辺に200人の遺体が上がったことや宮城県気仙沼、岩手県陸前高田の火災が報道されていたが、石巻のことは何もなかった。通常ならば50分で辿りつけるはずであったが、道路が至る所で冠水して行く手を阻み、石巻まで近づくことができなかった。途中、地震で生じた道路の亀裂で右側の前後両方のタイヤを一度にパンクさせてしまう。途方に暮れていると、通りがかりの消防団員がタイヤを貸してくれ、若者がタイヤを交換してくれた。

すでに時刻は明け方4時をまわり、一度帰宅して情報を集めてから出直すことにした。翌日、情報を求めて交番や公民館をまわるが、石巻の情報は何もわからなかった。ただ、音声だけしか聞こえない公民館のテレビ放送から、公民館の上にバスが乗っかっている、というにわかには信じられない情報が入る。

14日、依然として何の情報も得られていなかったが、早朝再び石巻に向かう。前回と異なり、自衛隊が出動してかろうじて車が一台通れるようになっていた。のどかな田園地帯であったはずの場所がまるで湖となり、ヘリコプターが津波警報を告げている。その中をひたすら車が近づける場所まで行き、そこで車を乗り捨てて、線路の上を実家の方向に進んだ。途中ひと組の年配の夫婦に、実家までの間で水がひいている道順を教えてもらうと、「今から南浜町に行くの？　今ね、私たち見てきたのよ。あれこそ『地獄』っていうんだなあと思ったよ」と言われた。ここに来るまで、水没した土地、川の中に家屋や車がいくつも浮かんでいるのは見たが、「地獄とはどういうこと？」と想像がつかなかった。

日和山から海側に下りることにしたが、坂を下り始めるとすぐに絶句してしまう。本来ならば、そのふもとから海まではずっと住宅や診療所、スーパーやコンビニなどが並ぶ閑静な街のはずなのに、跡形もなく戦争の焼け跡かと思う光景が広がっていた。全身がガタガタと音をたてて震えはじめる。目の前に広がるこの光景は、本当に現実なのか？　6メートル以上の津波が建物を直撃し、火災と爆発が3日3晩続いたというその場所であったのだ。

そのとき、遠く海の近くに鉄筋コンクリートのおかげなのか、かろうじてアパートらしき建物が残っている一角があり、目をこらすとそこに実家らしき緑の瓦屋根が見えた。無我夢中でそちらに向かって歩き出した。匡美さんの母親は常々「もし津波が来たら、私は足の悪いお父さんを二階にあげるので精一杯だわ」と言っていたので、あそこでまだ助けを待っているかもしれない、と思ったからである。

自分が踏みしめているのは、大地ではなく、何重にも重なった家の屋根か潰れて焦げて横たわったバスかわからない。まだそれらは熱く、煙が燻っていた。津波の後の黒くて重たい汚泥に何度も靴がとられ、脱げてしまう。後ろから誰かが「何かあったら助けてやれないぞ！ 危ないから戻れ！」と叫んでいた。それでもとにかく、無我夢中で一歩ずつ歩を進め、実家にたどり着く。

1階部分の屋根の一部は下から入った水の勢いで飛んでしまい、破壊されていて、いつもていねいに手入れがされ、美しい花々に彩られていた庭は原形を想像するのが難しいほど、流されてきた泥と砂、流木や魚網、テレビなどあらゆるものに覆われている。とにかく「2階だ、2階だ！」とあわててそこをかけ上っていく。おそるおそる戸をあけると誰もいない。ただ、2階の壁に、天井まであと10センチというところまで津波の痕跡がある。なぜかベッドと布団は濡れていなかったので、下から水が入って、浮き上がったのかとも思われる。2階に逃げていたとしても助かっている確率は少ないと感じた。

2階の部屋と1階の部屋を見回したところ、父と母の姿が見えなかったので、「ああ、よかった、どこかに避難しているんだね」と家を出ようとした時に、同行していた息子が「トイレのほうをもう一度見ていこうよ」と突然言った。その言葉に促されるように踏み込むと、砂と泥にまみれ小さくうつ伏せに母親が倒れていた。匡美さんの自慢だった、編物教室の先生で、短歌の会に入りお友達がたくさんいて、天然でおちゃめでいつも笑顔で楽しく、優しくておしゃれが大好きだった母親が、まるで「ボロ雑巾」のようになって横たわっていた。

2階から濡れずにあった毛布に母親を乗せ、とても重たいその身体をそこから引きずり出し、壊れていたふすま板の上に乗せて、母親の体を上向きにした。泥だらけの顔を、持参のペットボトルのお茶でそっと洗い流すと、まるでお人形さんのように眠っているかのような穏やかな顔だった。ピンク色のやわらかな頬やピンク色の唇を両手で擦って温めても、手に頬ずりをしても冷たく、もう二度と起き上がってはくれなかった。

「まだ信じられない、いや信じたくない。受け入れられない、受け入れたくない、理解できない、目の前のこの生まれ育った町も、目の前で冷たくなっている母のことも……」。

母親のご遺体が自宅から遺体安置所に収容されたのはそれから5日後、震災から一週間後の19日であった。それまでも、父親を捜すために石巻に通い、母の遺体を横目に家の中や周辺をスコップで手当り次第掘り返した。もしかしたら意識不明になって、どこかの病院に収容されているのかもしれないと病院をめぐり歩いたり、県内の別の遺体安置所にも足を運んで確認した。

母親を引き取るために旧青果市場に赴くと、床一面におびただしい数のブルーシートが所狭しと並べられている。塩竈の葬儀店に安置させてもらうことになったが、自分で引き取ること、火葬するめどが立たない遺体は引き渡しができず、有無を言わず土葬にされるという時期だった。

当時はガソリン不足で、入手するためにガソリンスタンドに一昼夜並ばなければならなかった。それでもなんとかガソリンを手に入れて、安置所をめぐる。そこにはご遺体の胸から上の写真が無数に貼られていて、ずっと剝がされずに残っているものもあった。日が経つにつれて、貼り出される写真の遺体の損傷が激しくなってきた。目を見開いている人、顔が傷ついて腫れ上がっている人、あちこちに赤や青のアザができている人、水につかっていたのか膨らんでいる人、真っ黒に焦げてしまっている人たちである。

震災から15日経った26日、遺体安置所には写真が増えて７００枚ほどになっていた。見落とさないようにはじめから見ていき、父親を見つけた。口が開いて堅くつぶった眼には砂がいっぱい詰まっているが、白髪に見覚えがあった。写真につけられている整理番号はＣ－１２８９。これを受付に伝えると、担当の警官が一人ついて遺体と対面させてくれた。母親の時には周りの遺体はすべてシートでくるまれていたが、この時は腐敗を遅らせるためか遺体はすべて剝き出しだった。

案内されたご遺体は、写真ではすぐに父親だとわかったが、亡くなって2週間もたつためか色も赤黒く、口を開けたまま亡くなっていたので乾燥したのか、顔の様子もかなり変わっていた。これが本当に優しかった父親なのだろうかと半信半疑だった。シートをめくり全身をよく確かめると、体も顔も砂だらけだったが、右足の裏にあった傷、鼻の右にあるアザ、孫に似ているといつも喜んでいた細長いきれいな指先で、父親に間違いないと確信した。父親の頬にそっと手を当ててみると、母親の時と違って、とても硬かった。身元不明の遺体として収容されたため、右足の親指の爪が剝がされて、そこにうっすら血が滲んでいた。担当の警官に「私の父に間違いございません」と告げた。

3　心のケアの陰で取り残される遺族

塩竈でも買物をするために、寒さに凍えながらスーパーに7時間並んだ。その隣はガソリンスタンドで、そこにも長蛇の列であった。寒ければ寒いほど、立ちっぱなしで腰や足が痛ければ痛いほど、亡くなった父母はもっと苦しかったのだと、自分を責め続けることしかできない。テレビをつけても、「あなたはひとりじゃない」と呼びかける公共広告や芸能人に怒り、テレビに物を投げつける日もあった。友人や知人からの電話にも応答せず、一切外出もせず、食事と排泄以外人間としての活動は何もできない状態に追い込まれていく。

近所でも評判の心療内科医の元に赴いたが、月に一人15分と時間的制約があるなかで、気持ちを聞いてもらいたくても、長くなりそうだと察知した先生は、「じゃあ、それは次回に聞きましょう」とやんわりと希望を遮って診療を終えようとする。

そして、猛獣に麻酔銃を使うかのごとく強力な睡眠導入剤を多数処方され、夜も昼もなく眠り続けた。頭の中が痺れるような、興奮しているような、疲れているような、飽和しているような状態だった。「死ぬことは怖い、死んだ人は怖い、そんなことはとっくに超越している感覚と世界」だった。「今日眠ることができたなら、明日二度と目が覚めなければよいのに」と本気で思った。なぜこんな思いをしなければいけないのか。なぜこんな試練を与えられなければいけないのか。誰に怒りをぶつけ、救いを求めればよいのかわからなかったのである。その当時備忘録として、汚い言葉も含めて吐き出すようにブログを書いている。

震災の年の晩秋に、想いを話せる環境の整ったグリーフケアの集いに3回ほど参加してみた。参加者の共有時間が終わると、マスコミが囲み取材をするのだが、7ヵ月の赤ちゃんを亡くされたという夫婦に取材が集中していた。それに、会自体が親を亡くした子どもたちへのグリーフケアに力を入れていた。年老いた親を亡くした匡美さんは疎外感を感じてしまい、「自分よりひどい思いをしている人がたくさん、たくさんいるのだから、自分は我慢するしかないのかな、誰もわかってくれないのかな」と思うようになる。

皮肉なことに、勇気を振り絞ってふらふらしながら出かけていったグリーフケアの会が、匡美さんの心を閉ざすきっかけになってしまったのである。いわば、震災復興が脚光を浴びる陰で社会的に見過ごされる「コールドスポット」が、つくり出されたことになる。

4　二度の跳躍――メモリースピーチコンテストへの参加

行政、マスメディア、そして被災者を支援する団体からも、より軽度とカテゴライズされ、その援助から漏れる陰の被災者の実態が浮かび上がってくる。現在、匡美さんは一時期の最悪状態を脱して回復しているようにみえる。そこに至るまではなだらかな曲線ではなく、階段状の二度の跳躍（ステップアップ）が見受けられる。

一度はママ友からのベトナムへの海外渡航の誘いである。一歩も外出せず具合も悪い彼女にとって、無謀な試みであった。だが勢い余ってお金を振り込んだ手前、もったいないという気持ちが後押しして、体を引きずりながら参加する。軽薄な同情の空気が漂う日本ではなく、アジアの活気ある国に元気をもらうことになった。ただ、その効果は1ヵ月余りしか続かなかった。

二度めに脱出する機会は、「東日本大震災風化防止　メモリースピーチプロジェクト」（ＮＰＯ法人ジェン）への参加だった。猫が好きな匡美さんは14年5月、猫島として有名な石巻市田代島で行われた猫オフ会（交流会）に参加した。その時たまたまスピーチコンテストの主催者である中村道代さんが参加しており、コンテストの趣旨を伝えたが、匡美さんはまったく関心を示さなかった。匡美さんが睡眠薬や睡眠導入剤を処方され、酒で飲み込んでいたことを話すと、中村さんは「それはまずいな」と自身も心の病を患った経験を話して、それを機会に積極的に事あるごとに匡美さんを誘い出す。

最初はスピーチコンテスト出場を断っていた彼女だったが、何度も何度も中村さんに声をかけられ続けた。スピーチ原稿をブラッシュアップする合宿にとりあえず参加することを渋々承諾したが、具合が悪いと途中で帰ってこようと後ろ向きの気持ちで出かけた。震災後、匡美さんは掃き溜めのようにブログを綴っていた。汚い言葉も入っていたが、紛れもなくその当時、自分が想像ではなく体験してきたからこそ書けたものだった。ただし、被災地ではみんな蓋をして見ないようにしている。やっと瘡蓋《かさぶた》ができあがったのを引き剝がし、傷をなぞることになるつらい作業だったが、スピーチ原稿を作るために震災後初めてブログを最初から見直した。あまりにも生々しすぎて、被災地ではまだこのことを語れないと思った。でも現地で何が起きていたのか知ってほしいので、誰も知らない東京で語るならかまわないと考えた。

スピーチ大会はコンテスト形式で、県大会の上位3人が東京大会に進める。したがって、自分以外の出場者はみな「ライバル」だと思っていた。ところが合宿に参加した老若男女がチームを組むことで、震災の津波や原発事故についていろいろな思いや身の上話を聞いているうちに気分が和み、この人たちはライバルではなく、同志なのだと次第に気づき、ひとりでも多くの人に震災とは何かを伝えるために自分もスピーチをやらなければと気持ちが変わっていった。

匡美さんは14年11月に宮城大会で「石巻市南浜町　父と母を亡くして」と題してスピーチし、県代

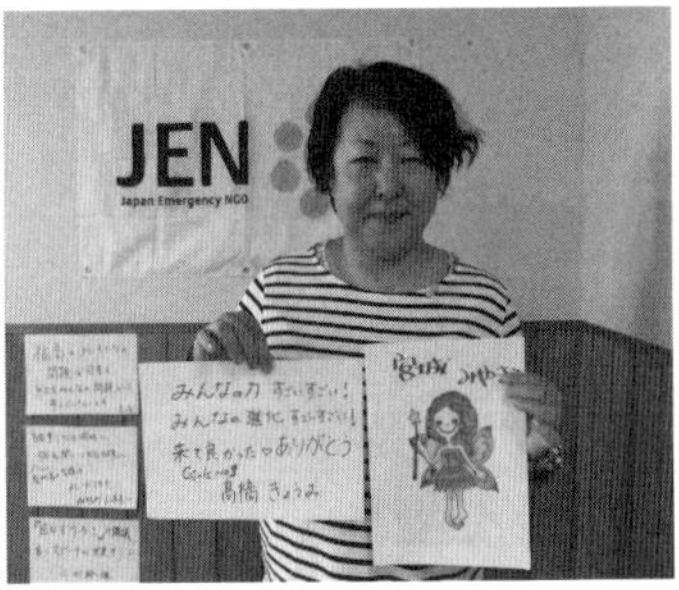

写真 5.1　メモリースピーチコンテスト宮城県代表に選ばれた高橋匡美さん
(2014.10 月　高橋匡美さん提供)

写真 5.2　高橋さんと両親
(石巻市の自宅，2005 年頃。同上)

表に選ばれた。12月には東京の本大会に進み、銀賞を受賞した(写真5・1)。

匡美さんは宮城大会だけでなく、岩手など他県の大会や東京の本大会でボランティアとして裏方を手伝うまでになり、自分で自分に驚いた。あんなに体も心も伏せっていたのに、いまこうして人のために働いているとは。それまでは自分の悲しみを自慢するようでコンテストに好意的ではなかった。しかし、実際にコンテストで自分の体験を人前で話し終えた後、苦しみではなく、何か重い鎧を脱いだかのような安堵感と爽快感を感じることができた。

スピーチコンテストまでは、自分が震災に遭ったことや「亡くなった母が……」と語れず、父母の死を認めていなかった。東京の人に「震災で大変だったね」と尋ねられると、「うちはとくになにも」とそれ以上詮索されるのを遮るように問いかけを断ち切っていた。ところが、スピーチの後はみんなの前で想いを語ったことで、「私は震災に遭って、両親も亡くなり、故郷も失った」ことを自分で初めて認めることができた。つまり、匡美さんが震災で起こった出来事を〝わかる〟までに、実に3年8ヵ月の歳月を費やしたことになる（写真5・2）。

振り返ってみると、一番つらかったのは社会的孤立だったたという。震災後、避難所や仮設住宅、お年寄りや子どもに復興のスポットライトが強烈にあたるなか、夫も子どももいて、家も流されなかった「普通のおばさん」は蚊帳の外におかれ、焦燥感と虚無感に苛まれていく。テレビが「絆」を呼びかけるなかで、次々に他者との共感のツールを身ぐるみ剝がされていった。しかしスピーチに至るプロセス、第三者に話を聞いてもらい、誰かのために働くことを通して、匡美さんは「孤独ではない」と実感し、社会的孤立を脱することができた。

匡美さんの二度めの跳躍は、社会的共感の場の設定であったといえよう。逆説的にいえば、いまだ光の当たらない、社会的に見過ごされる「コールドスポット」が今も厳然と存在し、そこに取り残された人びとがいることを、うかがい知ることができる。

5　災害における「その人だけの死」への共感

「あの時のつらい体験は、死んだ人の内訳や数ではない、被災した・しないも関係ない、みんなその人の中でのＭＡＸ〔最大のもの〕だったの。マスコミ的なフィルターを通しても共感できない」（14・12・20　高橋匡美さん）

一緒に住む子どもや家族を亡くした人の方が、遠くに住む年老いた両親を亡くした人よりも「哀れ」なのか。本章の冒頭で触れた10人と2人のどちらの死が重いのかという問いは成り立たず、両者は比較の対象にならない。なぜなら、匡美さんの言葉を借りるならば、「災害とは、その人が生きてきた中でMAX（最大限）の不幸を経験したことであり、10人を亡くした経験は私にはない」からである。他人の経験を自身で体験できない以上、比較しようとしてもそれは架空の物語でしかない。

「共感」という、ともすれば歯がゆいキーワードは、人間の実存レベルで大切である。なぜなら共感とは、動物的な生に陥らずにすむ、人間の立居振舞いを支え、生活を成り立たせるための基底的な考え方だからである。それに対し、社会的孤立は食、睡眠、排泄だけの動物的な生へ人間生活を貶める。ただし、災害の悲劇に対して、通常の共感の作法は役に立つどころか、むしろ阻む方向に作用している。誰にも優しい標語である「絆」概念は、被災者である当事者にとっては、むしろ差別に映る。すなわち被災の重さを比較され、共感の選択と集中によってそこから外れる人びとがいるし、被災者みずからも共感の規則に縛られて、当事者資格を失っていくことになる。

社会的孤立による動物的な生からの脱出は、災害における経験の平等性（その人だけの死）を保証できるかどうかに関わるように思われる。外部からの共感の端々には、「あなたはまだ周りの人に比べてマシである（家を失っていないとか子どもを亡くしていないとか）」という慰めの言葉が入ってくる。しかし家を失った人にとって、築き上げてきた家や財産を津波によって一瞬で喪失することは、想像を絶する体験である。普通に考えればそうであるのに、私たちは、千年に一回の大災害というものさしで被災の重さを測ってしまう。哲学者の中島義道はこのことを、死は他人が代替不可能な「その人だけの死」であるにもかかわらず、死者の数だけが問題になるのは、それぞれの死者に視点を合わせていないからであるという（中島 2014: 16）。

事の本質は、それぞれの人生のものさしで災害を置きなおしてみることにある。それぞれの被災者にとって、災害は人生でほぼ最大（ＭＡＸ）の体験であり、その意味づけに大小はつけがたく、すべてその人だけの経験のもとで、災害は平等なのである。この地平に立ってはじめて、被災者は固く閉ざした口を開き、語り始めるのではないだろうか。

参考文献

中島義道 2014『反〈絆〉論』ちくま新書

若松英輔 2012『魂にふれる――大震災と、生きている死者』トランスビュー

若松英輔 2014『君の悲しみが美しいから僕は手紙を書いた』河出書房新社

参考資料

東日本大震災風化防止　メモリースピーチプロジェクト（ＮＰＯ法人ＪＥＮ）http://www.jen-npo.org/memory/index.php（2015.9.28 取得）

第6章　672ご遺体の掘り起こし――葬儀業者の感情管理と関係性

小田島　武道

石巻市・葬儀社「清月記」

はじめに

「仮埋葬される時、水はけの悪い袋にご遺体が入ってるわけですよ。ポリエステルの。その袋の中は〔ご遺体の〕血とか油とか外から侵入してきた水とかで、たぷんたぷんになるんです」。（15・1・17　西村恒吉さん）

災害時に一度にたくさんの人びとが亡くなると、どのようにご遺体を処理するのかが現実問題として喫緊の課題となる。亡くなったその瞬間から腐敗していくために、迅速に処理をしなければならない。そう、ご遺体は待ってはくれない。しかし、津波で家々が「ぐちゃぐちゃ」になり、道路は各地で寸断し、ガソリン不足でご遺体の搬出もままならず、火葬場も被災して動かない。このような八方ふさがりの状況で、ご遺体はどのように処理されたのだろうか。

本章では宮城県石巻市で、震災後大量のご遺体の仮埋葬（土葬）と掘り起こし（火葬による改葬）を請け負った葬儀業者に聞き取り調査を行い、大規模災害時に避けて通れない大量の遺体処理のあり方を見ていく。仮埋葬と掘り起こしを「弔いの行為」として丁重かつ迅速に進めた結果、津波によって愛する家族を亡くした遺族と葬儀業者双方の精神的負担をどのように軽減することができたかを明らかにする。

約4ヵ月という短期間で掘り起こしを完了したのは、総合葬儀社・清月記の力が大きい。彼らはいかにして672体ものご遺体を掘り起こすことができたのか。異常事態に対応した「感情管理」のしかたとご遺体・遺族との関係性に焦点を絞り、チーム内のコミュニケーションのやりとりが、身体的・感情的労働の軽減につながったしくみを明らかにする。

1　火葬ができない大規模災害

1.1　遺体の処理

11年3月11日に東日本を襲った大震災では、大量の遺体が遺体安置所に搬送された。各自治体では、あふれる数百、数千、万単位の遺体の処理として、国・県の通知を受けていったん棺を土の中に保管する「仮埋葬」という方法が決められた。それは2年後に白骨化したご遺体を掘り起こす計画だった。行政は葬儀業者にご遺体の納棺と仮埋葬を委託したが、すべてのご遺体を土に納め終えたのが4月24日であった。しかし遺族の希望に応えるべく、わずか2週間後の5月7日から掘り起こしと火葬による改葬が開始された。何百という腐敗の進んだご遺体が、来る日も来る日も掘り起こされることになったのである。

1.2　宮城県における遺体の処理

東日本大震災では、宮城・岩手・福島3県の被災状況が深刻であった。犠牲者数は、1万5824人、行方不明者2575人にのぼった（15・4・11　警視庁HP）。おもに津波が原因で瞬時に発生したご遺体は、想定外の数にのぼり、犠牲者が特に多かった市町では遺体安置所を早急に設置し、最終的に宮城県内の遺体安置所は22ヵ所に達した。だが、身元不明のご遺体が多く、かなりの時間ご遺体を保管することになったため、さらなる問題が生じた。

平常時ならば、ご遺体をドライアイスなどで冷却し、腐敗の進行をある程度遅らせることができるが、ガソリン不足や道路寸断などの交通事情のためにドライアイス確保は不可能であった。ご遺体の身元判明に時間がかかり、次第に損傷が激しくなる。ご遺体からは感染症などの二次災害が起こる恐れもあった。時間が限られるなか、火葬場が不足し、遺体の処理が追いつかない事態が発生した。

このような状況で、国の「火葬以外の埋葬の方法について」の通知文が、宮城県より各自治体に送付される。通知文に基づき、各自治体が独自に判断した埋葬方法が〝ご遺体を仮埋葬という形でいったん土に埋め、震災処理が落ち着く2年後に、白骨化したご遺体を掘り起こす〟という行政史上類を見ない試みだった。

しかし、土葬という埋葬方法は到底遺族に受け入れられるものではなかった。近親者の死は残された者にとって大きな精神的苦痛を与え、時には悔いや負い目も感じさせた。災害死は平常時の死よりも突発的で、病死などと違い「なぜ自分だけが生き残ってしまったのだろう」という大災害特有の罪悪感（いわゆるサバイバーズ・ギルト）を背負うことになる（鈴木 2013）。無念の死を迎え、被災した誰もがご遺体をいち早く火葬することを望んでいた。しかし、現実には次のような条件の下で土葬せざるを得なかったのである。

1.3　なぜ土葬しなければならなかったのか

東日本大震災において、仮埋葬＝土葬を行った要因は大きく分けて二つある。一つは、あまりにも遺体数が多く、あふれてしまったことがある。ご遺体は県内の遺体安置所に保管され、検死を終えた順に葬儀業者の手によって棺に納められ、遺族が引き取り、荼毘に付される。遺体安置所は廃屋や旧校舎だけでなく、公民館や学校の体育館、02年ＦＩＦＡワールドカップの舞台グランディ21も対象となった。短期間に大量のご遺体が発生するだけでなく、津波で流されたご遺体の身元確認に多くの時間が費やされ、その結果、ご遺体があふれる事態を招いてしまった。

二つめの要因は、火葬場の対応能力に限界が生じ、ご遺体の搬送ができなかったことにある。火葬場の不足に加えて沿岸部の火葬場は津波により水没したため、使用不可に陥ってしまった。その結果、わずかに稼働する県内の火葬場に大量のご遺体が集中し、対応能力の限界を超えてしまった。また、被害の少なかった内陸部や他県の火葬場より受け入れ体勢が整ったとの通達はあったものの、道路の寸断やガソリン不足のために早急に遺体の搬送を行うことができなかった。

「本市の火葬施設の能力は超えていましたが、ご遺体の搬送ができないという問題が大きかったと思います。(中略)また、ご遺族自ら他地区へ搬送して火葬した件数は、市が関わりを持ち火葬した件数を上回っています。広域的な火葬協力体制の整備が必要と感じています」

「仙台市だけでなく、被災しなかった内陸部や他県の火葬施設で火葬しています」

「本市では、東京都に遺体の搬送、火葬施設の使用および遺骨の返送など協力をいただき、500体以上を火葬しております」(15・6・11　石巻市役所担当者)

火葬場の対応能力と広域的な火葬協力体制の欠如は、かねてより問題視されていた。というのも、火葬場は基本的に行政が運営を行うため、有事の際には燃料不足や炉の稼働体制等の問題から対応が遅れる、という指摘が阪神・淡路大震災後よりなされていた(梅原ほか 2014; 菅原 2013)。しかしその議論を進めている間に、震災が起きてしまったのである。

そうしたなかで、遺体処理業務の迅速化が迫られ、公衆衛生上の苦渋の決断として宮城県では６市町（石巻市、気仙沼市、東松島市、女川町、山元町、亘理町）が仮埋葬（土葬）を採用することになった。３月21日、最初の仮埋葬が気仙沼市大島で実施されたことを皮切りに、他の市町でも採用され、最終的には宮城県全体で２１０８体ものご遺体を仮埋葬した。

本章では、宮城県石巻市において、県全体の仮埋葬ご遺体のうちおよそ半分にあたる９９３体ものご遺体を仮埋葬し、６７２遺体を掘り起こして改葬した事例を見ていく。

２　改葬、いわゆる掘り起こし

2.1　宮城県石巻市の仮埋葬

宮城県石巻市は東日本大震災における犠牲者数が市町村中最も多く、その数は３２７６名、行方不明者４２９名にも及んだ（15・４・30　宮城県ＨＰ）。

市はあふれるご遺体の処遇を考えた末に、仮埋葬（土葬）という方法を遺族に提案した。震災時、ご遺体を火葬する手段がいくつか存在し、その選択は市民一人ひとりに委ねられていた。必ずしも仮埋葬を強制的に行ったのではない。しかし、石巻市は沿岸部を中心に甚大なる津波の被害を受け、車はおろか家も流された市民が非常に多かった。最愛の人を土中に保管する仮埋葬を受け入れられず、はじめは忌避した遺族も自らの現状を考えると、限られた選択肢の中で仮埋葬を選ぶよりほかはなか

表 6.1　宮城県における震災死者の仮埋葬と改葬（2015.4.30 現在）

自治体	仮埋葬（土葬）						改葬（掘り起こしと火葬）	
	死者数	行方不明者数	仮埋葬地数	仮埋葬遺体数	開始日	完了日	開始日	完了日
石巻市	3,276	429	7	993	2011.3.23	4.24	2011.5.7	8.17
気仙沼市	1,104	222	2	228	2011.3.21	4.26	2011.5.5	11.19
東松島市	1,063	24	1	369	2011.3.22	6.8	2011.5.9	10.10
山元町	680	18	1	154	2011.3.26	5.31	2011.6.1	6.16
女川町	591	259	1	241	2011.3.24	5.10	2011.4.16	6.10
亘理町	265	5	3	123	2011.3.23	4.14	2011.6.1	6.23
宮城県全体	9,624	1,246	15	2,108				

（出典）宮城県公式ウェブサイトより筆者作成

ったのである。その結果、石巻市では約1ヵ月に犠牲者の約3分の1にあたる993体のご遺体を仮埋葬することになった（11年3月23日～4月24日、表6・1）。

震災後、石巻市は遺体安置所を5ヵ所設けた。当初、収容施設として石巻市総合体育館を設けたのだが、ご遺体の正確な数が把握できないなかで、予想を大きく上回ったため、旧青果市場も使われることになった。

ご遺体の数に応じて同様に仮埋葬地も増設された。最初は石巻市総合体育館の目前にある北鰐山墓地を仮埋葬地としたが、ここだけですべてのご遺体を仮埋葬できないとして沢田墓地が設けられた。しかしそれでも仮埋葬地が不足したため、市民の憩いの場である「上釜ふれあい広場」も仮埋葬地となった。上釜ふれあい広場は、市有地で、周辺に民家、商店街が少なく、二番目に設けられた遺体安置所の旧青果市場から直線で500メートルの位置にある。津波により泥が堆積して使用不能となり、人工芝を剝がしてご遺体を収容する穴を掘れば仮埋葬が可能な場所であったため、第三の仮埋葬地として選定された。

現在3ヵ所の仮埋葬地はすべて改葬が終了し、元の姿を取り戻している。当初予定していた仮埋葬の期間は2年であった。しかし改葬が始められたのは、仮埋葬終了からわずか2週間後の11年5月7日である。

「4月24日から5月7日までの2週間で改葬を始めることを決めたのではなく、この期間は東京都での火葬と仮埋葬から火葬への切り替えのための準備をしていました。東京都の火葬協力をいただくことと、一日で収容されるご遺体の数が少なくなってきたことにより、改葬・火葬への切り替えは、4月の上旬には決まっていました」(15・6・11　石巻市役所担当者)。

早々と掘り起こしが決まった理由は何だったのか。これらをもう少し詳しく述べておこう。

2.2　遺族に配慮した改葬

現行の日本の法律では、埋葬(=土葬)、火葬、改葬についての規定がある(墓地、埋葬等に関する法律第四十八号第一章二条、第二章)[1]。仮埋葬といえども埋葬の一つに変わりないため、法律上、一度ご遺体を埋めた土地は市営墓地となる。そのため元の施設に戻すためには、すべてのご遺体を掘り起こし、更地で返却することが絶対条件であり、復旧費用が重要となった。市としては、市民の憩いの場である上釜ふれあい広場を含むすべての仮埋葬地の原状回復を市民に約束していたため、国から援助がないとわかったとき、非常に困惑した。しかし、市担当者が石巻市の被災状況を国に把握させ、交渉の末に石巻市本庁所轄における仮埋葬地復旧費用を得ることができた。そのため、仮埋葬地も早急に元の姿を取り戻すことができたのである。

石巻市で2週間後にご遺体の掘り起こしが始まった理由は、遺族の気持ちを汲み取ったことにある。遺族は身内をいつまでも冷たい土中に閉じ込めておくことに耐えられなかった。

「遺族の心情が第一とすべての関係職員が感じたからです。ご遺体の搬送手段や火葬施設の手配ができた場合、〔遺族が〕自ら改葬し始め〔たため〕、それを知った担当者全員が一日も早く、できれば新盆には遺骨にして、すべてのご遺族にお返ししたい、そうしないとご遺族の心の復興ができないということを感じたと思います」（15・6・11　石巻市役所担当者）。

市民が安心してご遺体を預けることができたのは市職員が市民の味方となり、どんな状況下でも最善策を探るといった、これまでに築き上げた信頼が背景にあったからではないだろうか。

2.3　総合葬祭業者が請け負った仮埋葬と掘り起こし

震災直後、石巻市では仮埋葬は自衛隊が行っていた。しかし、4月4日以降、自衛隊は任務を被災者の救助に特化し、仮埋葬は民間業者へ委託されることになった。ここで大きな問題が生じた。火葬率99％を超える日本において、ご遺体を土中に保管する仮埋葬を業務とする会社は一社もない。石巻市から提示された条件のもと業務を請け負ったのが、総合葬祭業者である、株式会社清月記だった。株式会社清月記は一九八五年三月に創業した「絶対にNOと言わない」経営理念を掲げる葬儀社である。埋められたご遺体を掘り起こすという過酷な業務を、約4ヵ月ですべて終えることができたのは、総合葬祭業者が引き受けたことに意義があった。

「仮埋葬はわれわれやったことはないけれど、ご遺体っていうことと、弔いっていうことの、ご遺体と遺族の関係性みたいなことは常日頃専門でやってるんで、想像ができるから責任ももてるし、創意工夫をすることもできる」（15・1・17　西村恒吉さん）。

清月記が委託された業務のおもな手順を記しておこう。

ご遺体はまず指定された遺体安置所に搬送され、警察と医師による検死を終えると、写真を撮影し、身元がわかる遺品などを添えて収容される。そのご遺体を洗浄し衣服を着替えさせ、遺族が対面できる状態で棺に納めるところから仕事が始まる。しかし日が経つにつれ収容されるご遺体の傷みも激しくなる。こうした事態を受け、各自治体は遺体の衛生保全のためにご遺体を土葬する「仮埋葬」の判断を下す。3月23日～4月24日、仮埋葬を完了したのち（写真6・1）、遺族の要望を受け、5月7日からご遺体を掘り起こして火葬する業務に転じる。以降、ご遺体を掘り起こす業務は、友引を除いて一日10体を目安に、8月17日まで延々と3ヵ月続いた（11年5月7日〜8月17日）。掘り起こされたご遺体は、付着したよごれや土をていねいに拭い、着替えをして新しい棺に納めたのちに火葬場へと搬送される（清月記活動の記録 2012）。

掘り起こしは過酷な条件下で行われ、まさに肉体労働であった（写真6・2〜3）。掘り起こしはもちろん作業着を着て行う。葬儀社に勤める彼らが作業着を身にまとい、長靴を履くという平常時ではあり得ない服装であることから、掘り起こしが単純作業のようにみえても仕方がなく、しばしば批判的に見られることもあったかもしれない。

写真6.1　震災後の仮埋葬（土葬）
（石巻市 2011.4.24　清月記提供，以下同）

仮埋葬から短期間で掘り起こされたご遺体の状態は、想像をはるかに超えていた。対面するご遺体は、通常のご遺体とは大きくかけ離れていた。なかには体液と地下水が混じった、液体とも何とも区別がつかない物質が棺から染み出しているものもあった。棺から取り出された納体袋の中には血液や体液が混じった液体があふれ、ヌルヌルになったご遺体からは腐敗臭が漂い、スタッフの身体に容赦なくこびりつく。どんなに作業を進めても慣れることはなかった。掘り起こしが進むにつれて夏が近づき、気温の上昇と梅雨の激しい雨は、ご遺体の腐敗をさらに進行させ、作業をより過酷に追い込んでいった。

写真 6.2　改葬の現場（掘り起こし）
ご遺体袋，棺を引き上げる
（左 2011.6.1　右 2011.5.20）

写真 6.3　体液が漏れ出す棺から慎重に泥を取り除く（左 2011.6.14　右 2011.5.28）

そうであるならば、重たい棺を土中から引き上げる業務は土木業者が請け負い、クレーン作業に慣れた作業員が行う方が作業効率も上がり、葬儀業者はご遺体を着替えさせるところから担当する方が、負担を軽減できたのではないか、とも思えてくる。だが、葬儀社側がむしろ単純作業にみえることを推奨していた。そこには葬儀業における「感情管理」「深層演技と表層演技」という特別なスキルが関わっている。

3　感情労働としての葬儀業

平常時とは異なる震災のご遺体を扱う上で「感情管理」とはいかなるものであったのか。結論を先取りすれば、掘り起こし（改葬）を終えることができたのは、9人という固定されたチームで流れ作業のように仕事をこなし、チーム内で感情をコントロールできたからである。すなわち、掘り起こしの現場で一番大事にしたのは、厳粛なイメージから懸け離れた〝笑い〟であった。この点を聞き取り調査をもとに、掘り下げていきたい。

3.1　究極のサービス業である葬儀業

たとえば私たちは葬儀業者に対して、ある二つの矛盾する役割を期待する。ひとつは、ご遺体に対して感情にとらわれずに冷静に対応することである。感情移入していては職務を全うできず、遺族はそのような葬儀業者にご遺体を託したいとは思わない。

その一方で、遺族に対して同情的な関心を示すことも同時に要求される。あたかも一連の作業のように葬儀を執り行う葬儀者は、冷淡だと思われる。遺族の気持ちに寄り添うそぶりを見せないのは、人情味がないと評価されてしまうだろう。極端な例ではあるが、二つの役割期待を同時にこなすのは、感情のコントロールに長けた葬儀業者でなければ困難である。葬儀という特異なサービス業に従事するには、感情管理が非常に重要になる。

このように職務を遂行するうえで「ふさわしい感情」を抱くように感情管理することを〝感情労働〟という。この感情労働はアメリカの社会学者ホックシールドの著書『管理される心』において唱えられた概念であるが、岸本裕紀子は著書『感情労働シンドローム』のなかで

「感情労働とは仕事をする中で心にポイントを置いた労働のことである。仕事をする中で、苦痛を感じたり、虚しさにとらわれたり、不安感が頭から離れなかったりしても、自分の感情をコントロールして相手のプラスの感情を引き出すようにすること」（岸本 2012: 5）

とわかりやすく定義している。

もともと感情労働は、おもに看護師やキャビン・アテンダントに当てはめられた概念で、たとえば看護師においては「患者の中に適切な心的状況（多く用いられるのは安全・安心）を作り出す」ために、看護師は感情を管理する（三井 2006）。また、キャビン・アテンダントにおいては「どんなに無礼な客に対しても怒りを抑えて笑顔でサービスすること」が求められる（三橋 2005）。サービス業で働く人であれば、このように心の中で感情をコントロールしながら仕事をした経験があるだろう。

ホックシールドは感情管理の二つの方法として「深層演技」「表層演技」をあげた。安部好法ほか（2011）によれば、

「表層演技とは、顧客に対して自分が適切な感情をもっているとみえるように、表情や仕草だけを装うことである。労働者は表層演技を行っている際、顧客のために表情や仕草を装っていることを自覚している。（中略）深層演技とは、顧客に対して自分が適切な感情を感じるように、自らの感情を操作することである。そして労働者は深層演技を行っている際、感情を装っていることを自覚していない」（安部ほか 2011: 101）。

表層演技の具体例として、労働者のルーチンワークの笑顔、指導中の教師の怒った表情、深層演技は斎場、結婚式場の職員があげられ、感情管理は顧客に質の高いサービスを提供するために必要なスキルであるといわれる（同：101, 103）。

こうした意味で究極のサービス業である葬儀業は、感情労働とうまく付き合っていかなければならない。つまり葬儀業には、期待されるさまざまな役割を担いつつも円滑に葬儀を終える感情管理のスキルが、求められている。すなわち、多くの役割を期待されるなかで時に遺族の気持ちに寄り添い人情味を滲ませつつ、感情移入せずに確実に職務を遂行する葬儀業者は、まさに感情管理のプロフェッショナルともいえよう。

平常時であれば、葬儀業者の手によって遺族の思い描く葬儀が形づくられる。そのため葬儀業者側もご遺体の生前を想像し、故人の特徴的なパーソナリティを読み解こうとする。また、故人が少しでも偲ばれるように、好きだった食べ物などを供え、生前を思い出させるような葬儀を執り行うことで、遺族だけでなく葬儀に参列した人びともあらためて喪失の大きさを感じるのである。

3.2 掘り起こしが流れ作業化した背景

しかし、震災後のご遺体の仮埋葬と掘り起こし（改葬）は通常の葬儀とは異なり、葬儀スタッフには一連の「流れ作業」にしか思えなかったという。その心情とは何かを次に考えてみよう。

究極のサービス業といえる葬儀業者が、ご遺体を扱う職務を流れ作業のように感じることは本来ない。しかし、見ず知らずの多くのご遺体が遺体安置所に運ばれ、その光景を目にしたとき、「実際に対面した時には人形にしか見えなかった」「ご遺体の目を見ないよう心がけた」とか、「やっていることとは（単純な）作業ですから」とスタッフは語る。その原因はご遺体の背景が見えないことにある。それはどういうことか。悲しみの排除、平等な棺、大量のご遺体という三つの要因が考えられる。

Ⅰ「悲しみ」の排除

震災時に葬儀業者が委託されたご遺体は膨大な数であったために、平常時のようにご遺体の生前の姿や個人的背景を聞くことはおろか、遺族との葬儀の打ち合わせや準備もなく、ただひたすら棺へご遺体を納めつづけた。すなわちそれは、葬儀業者自身に余裕がなく、死者と遺族が形成する「悲しみ」を作業から排除することになってしまったのである。

Ⅱ　平等な棺

平常時の葬儀であれば、遺族の要望によって豪勢な棺を扱う時もある。棺にも葬儀の特色が表れ、故人を偲ぶよすがになる。しかし、行政からの委託となれば、すべてのご遺体を平等に扱わなければならず、同じ棺に納める必要性が生じた。もちろん、国の費用であることも理由の一つではあるが、平等な棺を用意したのは遺族の気持ちを汲んだことが理由であった。遺体安置所には数百というご遺体が並び、その一人ひとりを棺に納めることになる。その際に周りと比較して棺の傷が多かったり、汚れていては、ただでさえ悲嘆する遺族の心に負担を与えてしまうことになる。そのため、すべてを同じ棺にして棺の蓋を閉じれば、すべてが同じに見えたのである。

Ⅲ　大量のご遺体

平常時の葬儀であれば、身内を亡くした家族による一本の電話から、葬儀業者の仕事は始まる。ご遺体を迎えにいくのだが、複数のご遺体を同時に扱うことはきわめて珍しいという。たとえば、交通事故で亡くなった夫婦のご遺体や心中したご遺体の同時搬送が、二、三年に一度あるかないかであるため、総じて一つの葬儀につき一人のご遺体が普通である。また、通常一人のご遺体に対して何十人というスタッフが関わって手厚い葬儀を執り行うのに対して、震災では何百体というご遺体に対して、数人という少ないスタッフで葬儀の準備をすることになってしまった。

これら三つの要因によって、平常時の葬儀はできなかったのである。本来ならばどれ一つとして同じ葬儀が存在することはない。しかし、ご遺体の集団を合同で納棺した異常事態においては、個人ごとの葬儀が非常に困難となり、仮埋葬も掘り起こしも、「流れ作業」としか認知されなくなったのである。

3.3　流れ作業のなかの創意工夫

「一つのご遺体を棺に納めてお弔いをするわれわれの仕事を見て、作業という人はいない。多数のご遺体を、合同で、集団でということが異常事態なんです」（15・1・17　西村恒吉さん）

異常事態においても少しでもより良い最期のお別れにしようと、葬儀業者は全力で創意工夫し、可能な限り遺族の負担を軽減しようと、さまざまな試みに取り組んだ。ご遺体を運ぶ車にトラックを使用しなかったことも、遺族に違和感を与えないように配慮したからである。仮埋葬時、自衛隊は遺体搬送の効率のよいトラックを使用していた。しかし、清月記では遺族の心情と葬儀の哲学に反するとして、陸運支局に緊急時の特別許可を取り付け、新車を含む同一種の10台を、霊柩車をイメージしやすい車に改造した。掘り起こしたご遺体に触れる際は必ず合掌をし、可能な限り泥を落とし、きれいな棺へ納めた。また遺族が掘り起こしの現場に来た時は業務を中断した。その他のすべてのことを効率重視ではなく、遺族を最優先する考え方をとった。掘り起こしメンバーの藤島さんはこのように語る。

「震災時はご遺族と関わる場面はほとんどなかった。掘り起こしに関しては原則ご遺族の立ち会いはしないということにしていた。これが毎回ご遺族の立ち会いがあったら業務は成立しなかったと思うし、通常の精神ではできなかったと思う」(14・12・4　藤島翔太さん)。

遺族のためを思う行動は、ある意味で葬儀業者である自分たち自身も守る行動であった。そのことを、本来の葬儀業務と比較してみよう。

4　笑いのコミュニケーション・スキル

4.1　平常時における感情管理

葬儀の最中に、ご遺体や遺族に感情移入して泣いてしまう葬儀スタッフが稀にいるという。もし結果的に遺族が感謝して終われば、納得のいく対応であろう。しかし感情を抑えきれずに涙をこぼすことは本来葬儀業者のあるべき姿ではない。葬儀業者の職務が葬儀を円滑に執り行うことだとすれば、大切なのはご遺体や遺族に感情移入することではなく、職務を遂行することにある。つまり感情管理ができずに泣いてしまうようでは、職務の遂行に支障をきたす。

ところが、平常時に行ってきた感情管理が、以下に述べるような事情で震災時には難しくなった。大量のご遺体が発生したうえに、仮埋葬後の掘り起こしの過酷さはさらに感情管理を難しくした。

4.2 震災時における感情管理

掘り起こしの現場では、ご遺体を扱う精神的な苦痛よりも、身体的な疲弊が大きかった。火葬場が稼働しない友引しか休日がなく、それ以外はひたすら肉体労働に従事しなければならない。夏が近づくにつれ、猛暑や梅雨といった天候がご遺体の腐敗の進行をさらに早め、作業をより困難にした（写真6・5）。

それでもなぜ、掘り起こしスタッフの誰一人として精神を病むこともなく、スムーズにすべてのご遺体を掘り起こすことができたのだろうか。その答えを以下の3つの点から読み解く。

Ⅰ 固定メンバーでの感情管理

仮埋葬にあたり9人の固定メンバーが選定され、部長である西村恒吉氏個人の賢明な判断によって人選が行われた。部長とすでに関係が確立してコミュニケーションを取れるスタッフを中心に、数多い部署から1～2人ずつ引き抜かれてチームを形成した。なかには生花部から加わったり、春に入社したばかりで、研修の翌日からこの業務に携わった新入社員もいた。ご遺体がどのような状態であれ、ご遺体に対する恐れの感情は排除されるべきであった。西村さんはスタッフに言い聞かせた。

「ご遺体があるからこそわれわれは生活していけるんだという敬意は抱かないといけないし、尊厳を守ろうと思わないといけない」「自分たちが埋めたご遺体を自分たちで掘り起こすのだから怖いものは一つもないだろ」（15・1・15　西村恒吉さん）

写真6.5　梅雨と猛暑のなかで過酷な作業が続く
（左 2011.7.14　右 2011.7.6）

Ⅱ　セルフ・ストローク

葬儀業者が用いる「セルフ・ストローク」という聞きなれない言葉がある。それは、ストローク（stroke＝肯定・否定を表現・伝達する動作の単位）から派生した造語で、「自分自身でプラスの感情を喚起し、感情を平静に保つ心の管理」を指す。平常時の業務では遺族のまなざしのもと葬儀が執り行われるため、葬儀スタッフに深層演技が求められる。しかし稀に、たとえば自死（殺）した中学生の葬儀や、幼い子どもを亡くした家族との打ち合わせ時には、遺族の悲しみを共有して感情移入しそうになってしまう。このような時には個々人の心を落ち着かせ、平常の感情に回帰するために「セルフ・ストローク」を行う。

しかし掘り起こしの現場では、深層演技は一切行われなかった。なぜなら、遺族の立ち会いを原則として禁じたために、チームの間で感情を露呈しあうことが可能になり、各自で行っていた感情管理が共有され、精神的負担の軽減につながったのである。

Ⅲ　笑い

ご遺体を掘り起こすなかで大切だったのは〝笑い〟だったと、

西村さんは言う。不謹慎に思われるかもしれないが、感情を管理する上で笑いは重要である。チームの雰囲気づくりを大事にするため、休憩時間や移動時にはコミュニケーションに気を配り、あえて業務からかけ離れた感情を形成し、共有すること。働く時は業務に徹し、休憩時間は他愛もなく笑いあい、お互いの感情をケアする。固定した9人のメンバーで作業を行うことでチームへの帰属意識が醸成されるだけでなく、チーム全体で笑いを共有し、メリハリのある労働によって仲間意識も形成された。

本来弔いの行為である仮埋葬の現場で、途中から業務を肉体労働の流れ作業に変化させて職務を完遂したしくみとは、平常時の葬儀では個々の心の中で行うセルフ・ストロークをあえて表出し、仲間うちでつらさや苦しみを共有することにあった。それが笑いを含む非生産的なコミュニケーションのやりとりであった。もちろんこれらはご遺体を処理する職務遂行のために行う感情管理であり、他愛もない笑いが重要視されたのは、それが葬儀業という〝形に残らない感情〟を扱うプロフェッショナルならではのコミュニケーション・スキルであった。

このような巧みな感情コントロールがチームメンバーを守り、誰一人途中で脱けることなく、掘り起こし業務を予定通り完了することができた。その後も、ご遺体が夢に出て眠れないとか、肉類が食べられないなどの後遺症も、とくになかったという。

おわりに

「最期の対面は常にわれわれ葬儀社の抱えるテーマです」（15・1・15　西村恒吉さん）と語るように、葬儀業者は職務において、ご遺体との最期の対面のあり方を常時模索しているという。少しでも生前の故人との変わらない時間、もしくは故人との関わりが思い出せる時間になるよう、ベストの環境を作ることが葬儀業者の目標ともいえる。そのため平常時であれ、震災時であれ、ご遺体に感情を込めて扱う行為よりも、遺族とのより良い最期のお別れの時間を創意工夫することに、葬儀業者の本来あるべき姿がある。

震災時の大量のご遺体の処理において、一連の作業にみえる葬儀業者の行為には、遺族の感情を大切にする弔いの意味があり、ご遺体に敬意を抱き、ご遺体の尊厳を守ろうとしたのである。遺族がご遺体と最期の時間をどのように過ごすかで、遺族が悲しみに向きあう悲嘆のプロセスが変わってくるのではないだろうか。

注

1　総務省「墓地、埋葬等に関する法律（昭和二十三年五月三十一日法律第四十八号）」によると、本来、埋葬、火葬、改葬を行う者は死亡の届出を受理した市町村長の許可を受けなければならない（同五条）。しかし特例措置として、死亡の届出を受理した市町村のみならず、遺体現存地の市町村においても、特例許可証の発行を良しとした。これは阪神淡路大震災の際に講じた特例措置に埋葬に関する追加を行ったものである。東日本大震災でも阪神・淡路大震災同様、あるいはそれ以上の犠牲者が発生したために、埋火葬の権限が国から市町村へと委譲された。

2　災害時の仮埋葬において、葬儀業者は本当に「単純作業」として掘り起こしを行ったわけではない。仮とはいえ埋葬であることに変わりはない。厳密には後述するように、ご遺体に合掌する、ご遺体をきれいな状態にして棺に納めるなど、弔う行為が表現された。そこに葬儀業者が掘り起こしを請け負った意味があった。

参考文献

安部好法・大蔵雅夫・重本津多子 2011「感情労働についての研究動向」『徳島文理大学研究紀要』82: 101-106.

浅井秀明・南川和充・石垣智徳 2012「非日常的顧客サービス評価に関する研究―葬祭サービスに関する事例」『奈良県立大学研究季報』22(4): 93-108.

藤原芳朗 2012「死を通して生の大切さを学ぶ意味」『川崎医療短期大学紀要』32: 27-32.

金菱清編・東北学院大学震災の記録プロジェクト編 2013『千年災禍の海辺学――なぜそれでも人は海で暮らすのか』生活書院

岸本裕紀子 2012「はじめに―感情労働をめぐる今日的状況」『感情労働シンドローム――体より、気持ちが疲れていませんか?』PHP研究所: 3-59.

三橋弘次 2005「組織感情の理論化へ向けて―二つの文化論的アプローチ」『年報社会学論集』18: 229-240.
三井さよ 2006「看護職における感情労働（特集感情労働論(2) スキルとしての感情管理）」『大原社会問題研究所雑誌』567: 14-26.
水谷英夫 2013「「感情（管理）労働」とは何か?―感情労働の実態」『感情労働とは何か』信山社 : 2-28.
3・11東日本大震災清月記活動の記録編集委員会編 2012『3・11東日本大震災――清月記活動の記録～鎮魂と追悼の誠を捧げて～』清月記
嶋根克巳 1991「現代日本の葬送儀礼(1)　死の受容のための文化装置として」『社会学ジャーナル』16: 131-144.
須賀知美・庄司正実 2008「感情労働が職務満足感・バーンアウトに及ぼす影響についての研究動向」『目白大学心理学研究』4: 137-153.
菅原裕典 2013『東日本大震災『葬送の記録』――鎮魂と追悼の誠を御霊に捧ぐ』ＰＨＰ研究所
菅原裕典ほか 2014「震災と宗教【パネル討論】「悲しみの技術」を巡って」『震災学 vol. 5』東北学院大学・荒蝦夷 : 32-47.
鈴木岩弓 2013「霊と肉と骨―現代日本人の―死者観念（第五十六回智山教学大会講演）」『智山學報』62: 1-49.
梅原明彦・沼田宗純・目黒公郎 2014「効率的かつ遺族心理にも配慮した巨大災害時の遺体処理業務プロセスの提案」『生産研究』66(4): 393-396.
山本実紀 2013「医師の役割意識と苦悩の創出―現代日本の総合診療医の事例から」『文化人類学』77(3): 414-434.

八ッ塚一郎 2013「心理学の隘路と社会問題への新たな実践」『心理科学』34(2):31-39.

参考資料

河北新報 2012.10.16「仮埋葬地の広場復旧　運動軽やか笑顔の再開　石巻」
同 2011.5.11「家族よ友よ　いまどこに　東日本大震災発生から2ヵ月」
警視庁公式ウェブサイト「平成23年（２０１１年）東北地方太平洋沖地震の被害状況と警察措置」https://www.npa.go.jp/archive/keibi/biki/higaijokyo.pdf（2015.4.30 取得）
経済産業省「おもてなし経営企業選」http://www.meti.go.jp/policy/servicepolicy/omotenashi-keiei/（2015.4.30 取得）
宮城県公式ウェブサイト「東日本大震災における被害等状況」http://www.pref.miyagi.jp/uploaded/attachment/57052.pdf（2015.4.30 取得）
同「東日本大震災～宮城県環境生活部の活動記録」http://www.pref.miyagi.jp/site/ej-earthquake/kansei-shinsai kiroku.html（2015.4.30 取得）
総務省「墓地、埋葬等に関する法律（昭和二十三年五月三十一日法律第四十八号）」http://law.e-gov.go.jp/html data/S23/S23HO048.html（2015.4.30 取得）

第7章　津波のデッドラインに飛び込む——消防団の合理的選択

岩手県山田町・宮古市田老地区

小林　周平

はじめに

「地獄だった。車が何台も積み重なって、窓に遺体が張り付いていた。その時は平気なふりをしていたけど、過酷だった。みんな〔団員〕がいたから〔行動〕できた」（15・1・15　山崎勇さん）。

11年3月11日に発生した東日本大震災により、被災地の消防団は「英雄」や「ヒーロー」という呼ばれ方をしている。なぜなら、消防士とは異なり、職業ではないのに津波が来る海へと向かい、命を顧みず市民を助ける活動を行ったからである。その例の一つとして「水門・門扉閉鎖」がある。津波常襲地の住民の場合、地震＝津波という考えは身に染みている。「つなみてんでんこ」という言葉があるように、津波が来るとなるといち早く高台などに避難する。

しかし、消防団は住民と逆の行動をとる。消防団員は、震度4以上の地震発生時、津波注意報・警報発令時には、なによりもまず水門・門扉を閉めに向かう。海から津波が来ているのにもかかわらず、団員は海へと向かっていくのである。この行為は、まさに「死の最前線」での行動である。岩手県の山田町消防団第1分団の団員は、震災時、水門・門扉を閉めに行った際の心情を語ってくれた。「まず水門。恐怖心というものはなかった。〔消防団に〕入ったからにはそれが義務」（15・1・14甲斐谷さん）。この水門・門扉を閉めに海に向かって行った結果、各地で多くの団員の方々が殉職をされた。

さらに、消防団員は津波襲来後の「遺体捜索」という、通常の火災現場等では経験することのない作業も行った。冒頭にあるように、同町の介護老人施設の現場は、想像を絶する光景だった。

東日本大震災での消防団の犠牲者数は、岩手県で119人、宮城県で107人、福島県で27人、計253人となった。同3県の消防本部の職員の犠牲者は27人だった（平成27・9・1現在、総務省消防庁HP）。消防職員に対して約9倍の数の消防団員が命を落としている。本来ならば、この「遺体捜索」や「水門・門扉閉鎖」といった、過酷かつ危険な選択は、災害救助のプロである消防士が行う行動である。なぜ地域ボランティアである消防団が、「死」を覚悟し、社会的な責任を引き受けなければいけないのだろうか。

1　震災時の消防団の活動

当時活動していた団員の話から、震災時の消防団の動きを追っていきたい（写真7・1、図7・1）。

1.1　山田町消防団第1分団

岩手県沿岸部のほぼ中央に山田町という町がある。人口は1万6700人（平成27・2・1現在）、穏やかな山田湾では、牡蠣やワカメ、ホタテなどの養殖業が盛んに行われている。消防団は13分団あり、347名の団員がいる（平成25・4・1現在）。現第1分団長の山崎光一さんは、ワカメの養殖を生業としながら消防団に所属している。震災前に比べワカメの値は半分になってしまったという。「ものはいいものが上がってきてるけども、高く買ってもらえないんだ。〔収入は震災前の〕半分だ」（15・2・10　山崎光一さん）。その理由としては、風評被害が大きいという。しかし、収入が半分になっても漁は楽しいものだと語ってくれた。

震災当日、副分団長だった山崎さんは、当時の分団長が津波により殉職されたため、第1分団の長として活動の任にあたった。まずは、地震発生直後の水門・門扉閉鎖を行ったという。沿岸部の地域では、「水門」や「門扉」と呼ばれるものがある。水門は、河川などに設置されている構造物で、門扉同様、その仕切りを閉じることで陸地への海水の侵入を防ぐ。門扉は堤防と一体になった扉で、ふだんは開いており堤防の下をくぐる道路として使われている。そこを閉じることで津波や高潮による浸水を防止する。水門、門扉はほとんどが手動で、一人では閉めることができない。地震が発生し津波注意報・警報が発令されると、ここが陸地と海の境界線になる。言い換えるなら「死の境界線（ボーダーライン）」となる。多くの場合、消防団がこの最前線に飛び込み、閉鎖作業を行う。山田町の消防団も、震度4以上の地震、津波注意・警報発令時は即座に水門を閉めに向かう。

第1分団の団員も同様に、水門をいち早く閉めに行った。「あの時は、水門を閉めれば津波は来ないと思っていた。だからまず水門を閉めに行った」。だが、なかには恐怖心があった、という団員もいた。「津波が来るぞー、と言う人の声を聞いたときは正直怖かった」「門扉を閉めれば海が見えなくなる。そしたら、向こう〔海〕がどうなってるかわかんない。その恐怖はあったね」（15・1・16　湊勇一さん・山崎勇さん）。しかし、「誰かがやらなければならない。消防団がやらなきゃ、誰もやらない」（15・1・16　花崎正男さん）と団員は言う。その言葉からは、恐怖心よりも義務感・責任感がまさると感じとることができる。

この水門を閉めに行く際、消防団員は屯所（消防のポンプ車が常駐する場所）には集まらない。みな各々の仕事場から水門へと向かう。また、事前に「ここの水門は誰が閉める」という担当は決めていない。当時分団員だった方たちも、完全に自己判断で行動していたという。地震直後、花崎正男さんは仕事場から一度屯所へ行き、それから水門を閉めに向かった。その際、ポンプ車に乗り込んだこともあり、一番遠い水門を閉めに向かった。

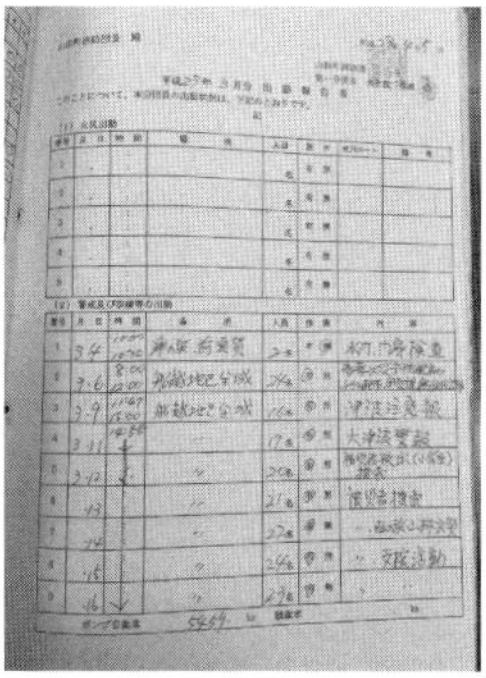

図 7.1　3.11 当時の出動報告書

大津波警報，被災者救出・捜索，支援活動の文字が並ぶ（2015.2.10　山田町消防団第 1 分団提供）

写真 7.1　消防団第 1 分団員の花崎正男さん（右）と山崎勇さん（左）

震災時の活動を説明いただく（山田町船越地区 2015.2.10）

一方、同じく団員の湊勇一さんと山崎勇さんは、仕事場から自分の車で直接水門を閉めに向かったという。こうした団員の行動は、申し合わせなどは一切行われていない。「誰かがそっち行ったなと思ったら、こっちつうように動かないと、閉める時間が変わってくる」（15・2・10　湊勇一さん）。全部で8ヵ所の水門・門扉を閉め、小高い広場で海の様子をうかがっていると、津波が襲来した（写真7・2）。近くの住民に声をかけながら走って逃げた団員もいる。明るいうちは、津波の際まで様子を見に行き生存者がいないか確認を行い、初日の作業は終了した。

次の日には、早朝から小学生の救出作業を行った。半島に位置する船越地区にある小学校は津波によって陸の孤島となり、校舎の一階部分まで浸水してしまった。百名ほどの生徒が取り残されていた。そのため第1分団の消防団員が背負い籠におにぎりと水、毛布を入れ、片道30分以上かけて安全な道を通って救出に向かったという。

震災の3日目からは遺体捜索に入った。第1分団の管轄内

写真 7.2　津波で破壊された山田町の防潮堤（堤防）
（山田町 2015.3.18）

で特にひどかった現場は、船越地区にある介護老人保健施設「シーサイドかろ」だという。そこでは職員を含め約90名が犠牲になった。その時の光景は、まさに「地獄」。今でも鮮明に覚えているという。しかし、そんな光景にも、「2日目からは慣れてしまった」と話す団員もいる。感覚が麻痺して、精神的にもギリギリの状態で活動していた。分団長の山崎光一さんは、約1ヵ月ほどで17キロも体重が落ちたという。

　遺体捜索以外にも、精神的に過酷な作業を行った団員もいる。それは、発見した遺体を安置所に運び、性別や身元の特徴を確認する作業だ。原形をとどめていない顔や体からご遺体を一人ひとり確認する。この過酷な作業で、第1分団のひとりの団員が消防団を辞めてしまった。それに加え、自分自身の職業的な不安が重なり、さらに追い打ちをかける。

「みんな仕事もなくなり、消防にすがっていた。何かやらないと、自分がおかしくなりそうだった」（15・1・16　山崎勇さん）。

1.2　宮古市消防団第28分団（宮古市田老地区）

山田町の北隣に宮古市という市がある。宮古市には、これまで明治、昭和、チリ地震津波と何度も津波が押し寄せた津波常襲地の「田老地区」がある。震災では、世界最大級の防潮堤、いわゆる「田老の防潮堤」（写真7・3）も破壊され、田老地区は甚大な被害を受けている。

田老地区には、三つの消防団がある。第28、29、30の三つの宮古市消防団分団が田老地区の中心部を守っている。そのうち第28分団は、田老地区で唯一犠牲者が出なかった分団である。これは、津波常襲地ならではの対策が功を奏したからだという。第28分団長の田中和七さんは、地震発生時にある「ルール」を守るように、団員に日頃から認識させていた。そのルールとは、地震が発生してから15分以内に、すべての水門、陸閘を閉め、避難を完了させることだという。これは、自分たち団員はいつ逃げればよいのか、という疑問から生みだされたルールだった（図7・2）。実際の現場では、15分という時間を測っているわけではない。さらに実際に時間を気にして時計を見ながら行動する余裕などはない。そのため訓練などで、日頃から体に覚えさせているのだという。

写真 7.3 「万里の長城」といわれた田老の防潮堤
（宮古市田老町 2012.7.15 金菱清撮影）
津波は高さ10メートルの堤防を超えて住宅地を襲った

震災時にも団員は即座に水門を閉めに向かった。このとき山田町と同様、一度団員が屯所に集まることはせず、各自の判断で行動している。以前から、若い団員が一番遠い水門を閉めに行き、中央の陸閘は海岸側にいる人が逃げられるように最後に閉めるという決まりはあったものの、それ以外は団員の「勘」で動く。初めて団員が顔を合わせたのは、水門を閉鎖し避難が

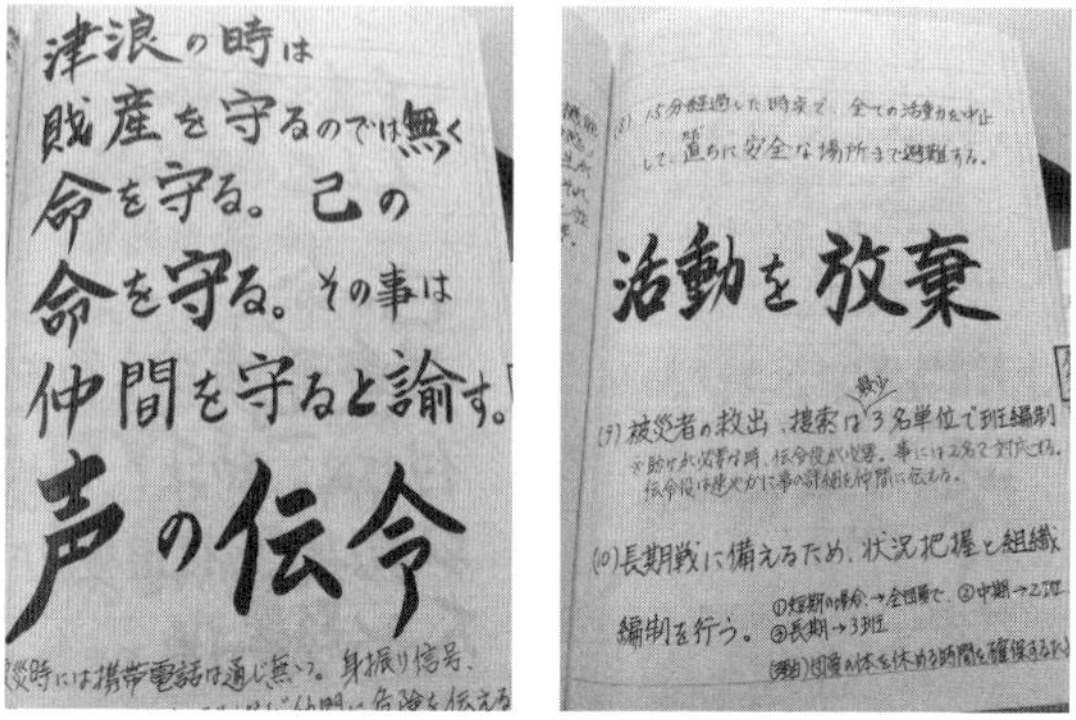

図 7.2　15 分前ルール（宮古市消防団第 28 分団）

（左）「津浪の時は…己の命を守る。その事は仲間を守る」
（右）「15分経過した時点で全ての活動を中止して，直ちに安全な場所まで避難する」
（2015.2.11 田中和七さん提供）

完了した後だった。実際に、津波は地震発生から30分ほどで襲来したが、団員は誰一人命を落とすことなく避難を完了させている。

次の日からは、遺体捜索や救援物資の運搬作業に入った。ふだんから海難事故による捜索活動は行ってきたが、ここまで大規模の捜索活動は初めてだったという。震災当初はご遺体を発見しても、目印となるものを立てるだけで、遺体に触れることはなかった。しかし、道路が寸断され警察や消防が入ってくることができず、人手不足となっていた。そのため、応援が来るまでの間、消防団がご遺体を安置所まで搬送する作業を担うことになった。山田町の団員と同様、精神的な負担が大きかったという。その苦痛は、決して家族には口にしなかったという。なぜなら、同じ体験をしていない家族に話をしても、わかってもらうことはできない。結局、自分自身が苦痛になってしまう。そのため消防団員は、同じ境遇にいる団員同士で「こんなことがあったんだよ」などと話し、苦しみを共有していた。

警察や自衛隊、行政が機能していなかった震災直後は、消防団が地域の中で唯一行動できた住民組織といえる。その活動は、本来の消防活動の域を超えたものばかりである。その多くは、分団長をはじめとした各分団が自ら取り決め、行動している。山田町の小学生の救出作業をはじめ、住民のためにお風呂まで作ったという。また遺体捜索、搬送作業など精神的・肉体的に過酷な活動も行っている。震災時は住民のための「便利屋」として動いていたと団員たちは振り返る。では、本来消防団とは、どのような組織で、どういう活動を行っているのか。

2　消防団とは——自己犠牲と義勇精神

2.1　消防団と「義勇精神」

消防団とはどういう組織だろうか。消防団は、各市町村に設置されている消防機関である。消防組織法第9条は「市町村は、その消防事務を処理するため、左に掲げる機関の全部又は一部を設けなければならない。1消防本部2消防署3消防団」と定めている。全国には約2300団、約88万人の消防団員がいる。消防署職員は約16万人であり、消防団員の数は約5倍に及ぶ。消防士は地方公務員であり、市の職員として消防署に所属している。それに対して消防団は、特別職地方公務員と呼ばれる、いわば町や地域に対するボランティアといえる。一般に18歳以上で、その市町村に居住または勤務していれば男女、職業を問わず入団できる。ふだんは会社員として勤めたり、自営業を営みながら、災害発生時に出動する体制をとっている。

消防団には消防署にはない特徴がある。総務省消防庁によると、消防団には「地域密着性、要員動力性、即時対応力」の三つの特徴が存在する。一つめの地域密着性では、団員は管轄区域内に居住、勤務しているため、その地域の特徴などを熟知している。二つめの要員動力性では、先に述べた消防職員数と団員数からもわかるように、団員は職員の約6倍もいる。そのため、災害発生時、職員よりも早く、多くの団員が現場に駆けつけることができる。三つめの即時対応力では、職員同様、消防団員も日頃から、緊急時に備え訓練を行っている。そこで、災害対応の技術や知識を習得している（総務省消防庁ＨＰ）。

消防団には、地域社会のためには自己犠牲を払いながら進んで事にあたる、いわゆる「義勇精神」が根底にある（後藤 2014: 180）。

この「義勇精神」は、今に始まったことではない。消防団という組織ができる以前から、このような考え方は存在した。

「消防宣言（昭和8年）にみられる「義勇奉公」をはじめとして、「規律を厳守すること」、「状況に応じた対応を身につけること」、「技術向上のために自分自身を磨くこと」、「国を守るという信念を持ち続けること」などは消防組員が日常活動において、常に心がけておくべき内容であった。なかでも「義勇奉公」の内容を的確に説明しているのは、昭和9年6月26日に消防組員の行動指針として、皇太子の発した「令旨」からうかがうことができる。〔中略〕消防組員の行動や活動は、上からの命令や指示によって行われるのではなく、自らが主体的に行動することが重要であり、令旨を常に意識した日々の活動実践が求められた。このような行動指針は、消防組の伝統として、先輩の消防組員から引きつがれていった」（後藤 2014: 58-59）。

そして、今でも消防団は過去の「義勇精神」を受け継ぎ、自己犠牲を覚悟しながら行動している。実際に山田町第1分団では、当時の分団長が殉職されている。近隣の釜石市から山田町へと向かう途中、避難者の誘導を手伝っていた際、津波に流されてしまったという。いち早く戻っていれば、十分に助かる可能性はあった、と団員の方々は言う。消防団としての活動ではないが、その行動は自己犠牲を顧みずに要避難者を助けるという、消防団の「義勇精神」そのものである。団員は「そういう人だったんだ。困った人がいたら助けてしまう、そんな人だったよ」（15・1・15 花崎正男さん）と涙を浮かべながら語ってくれた。

2.2 平常時の活動と火災・災害時の活動

消防団員は常時、屯所に集まることはない。ただし火災がない時でも、消防団としての活動がある。

一つめは、消火・防災訓練である。火災消火時の基本的な操作の習得を目的とする「ポンプ操法」が実際の火災現場を想定して行われる。この「ポンプ操法」は全国規模の大会も行われる。そのほかにも、ライフラインが止まった場合を想定して、情報の伝達を目的とした「伝達訓練」もある。また、災害現場での後方支援、応急救護処置なども訓練として行われている。

二つめは、広報活動や防火活動である。乾燥し火事が起こりやすい季節には、消防団員がポンプ車で地域を巡回し、住民に注意を促している。また、地域のお祭りなどの際には、消防団が警備に回り、防火や防犯に努める。

この他にも、各家庭を訪問し、防火指導や高齢者の様子を確認する活動を行う消防団もあり、災害時の重要な役割を担っている。

火災発生時は消防団の出動時であるが、必ずしも団員全員が現場に行くことはできない。団員それぞれが仕事を持っているため、現場に行けない団員もいる。その際は仕事の融通の利く団員や自営業の団員が現場に駆けつける。当然ながら消防職員も駆けつけるが、大抵消防団のほうが現場に早く到着できる。そのため迅速に、初期の段階で消火活動が行える。これが、消防団の特徴である「要員動力性」「即時対応力」につながる。消防職員は到着後、消火活動に加わる。その際、職員は消火活動に加えて現場の指揮にあたり、団員は引き続き消火活動や後方支援、避難広報などを行う。

当然、消防団の訓練は、火災現場や災害時を想定して行われる。しかし、実際の現場で役に立つのは、訓練で得た知識や技術とは限らない。その一つに、消防団員同士の「飲み食いの場での先輩団員からの話」がある。山田町の第7分団の団員に聞き取りをした際、こんなことを語ってくれた。

「昔は毎日のように屯所に集まって、先輩たちと酒飲んでた。そこで必ず一回は現場の話になるんだよ。この時はこうやって、これはこうで、みたいなね。それを毎日聞かされるんだよ。馬鹿でも覚えるよ。でもさ、いざ現場に行くと毎日聞いてるもんだから、自然と、ああするこうするってわかるんだよ」（15・1・14 甲斐谷さん）。

住民からは、「消防団は屯所に集まって、飲み食いばっかりやってる」と冷ややかな声をかけられることもある。しかしながら、その「飲み食い」の場で話すことが、火災現場で活きることもある。日常の行動が、火災という非日常的な場とつながっているといえる。では、東日本大震災時の消防団員の行動には、どのような意味合いがあったのだろうか。

3 「決めない」という合理的選択――消防団を支える価値

3.1 なぜ担当を決めないのか

調査を行った山田町第1分団、宮古市田老地区の宮古市消防団第28分団では、震災時水門の閉鎖に行く際、事前の申し合わせなどは行わず、団員の自己判断のもとに行動している。職場から直接向かった団員や、一度屯所に行きポンプ車で水門に向かった団員もいる。本来ならば、事前に担当の水門を決めてから行動したほうが、確実にすべての水門を閉めることができるように思われる。しかし、消防団には事前に決められない理由がある。それは、団員全員が職を持っていることにある。

それぞれの団員が別の場所で仕事をしており、農林水産業や自営業に従事している。担当管轄外の地区で働く団員もいる。そのなかで地震が発生し、津波警報が発令されたとする。事前に担当を決めておくと、管轄外にいて閉めに行くことができない団員も出る。水門を閉鎖できないと、地域住民の命に関わる。また、担当の団員が仕事等の都合で水門に行けないとき他の団員が代わりに行くとすると、今度はその団員の命に危険が及ぶ。自分の担当の水門を閉めてから、他の団員の水門に向かう連絡等をする時間を考えると、迅速には行動できないからだ。つまり一見非合理的に見える、水門の担当を「決めない」という選択が、消防団という組織にとって一番合理的で、リスクの少ない判断および行動だということになる。

しかし水門閉鎖以外にも、消防団は非合理的な行動をとっている。1節で述べた、小学生の救出作業や住民のためのお風呂を作るといった「便利屋」的な行動などがそれである。これらの行動は、給与のないボランティア的存在の消防団にとって、どのような意味があるのだろうか。

3.2　目的合理的行為と価値合理的行為

ここで、「合理性」という概念をおさえておく必要がある。合理性とは、「無駄なく能率的に行われるような物事の性質。物事の道理にかなった性質」という意味がある。さらにマックス・ウェーバーは、この合理性を「目的合理的行為」と「価値合理的行為」の二つに分類している。目的合理的行為と価値合理的行為とは、次の通りである。

「目的合理的行為。これは、外界の事物の行為および他の人間の行動について或る予想を持ち、この予想を、結果として合理的に追求され考慮される自分の目的のために条件や手段として利用するような行為である」

「価値合理的行為。これは、或る行動の独自の絶対的価値――倫理的、美的、宗教的、その他の――そのものへの、結果を度外視した意識的な信仰による行為である」（ウェーバー 1922＝1972: 39）。

本来、消防団の行動は「目的合理的行為」だといえる。消防団の目的は、地域の安心・安全を守ることにある。「まあ地域住民の生命財産を守るっていうのかなあ」（15・2・10 花崎正男さん）。この言葉からも、消防団は自分の地域のために行動している。その行動とは、火災時の消火活動や、お祭りの時の防犯パトロール、乾燥期の防火活動などがある。

では、東日本大震災時の消防団の行動も「目的合理的行為」にあたるだろうか。消防団は、水門閉鎖や避難誘導、生存者の救出作業や遺体捜索など、亡くなった人と生存者の両方のために活動を行

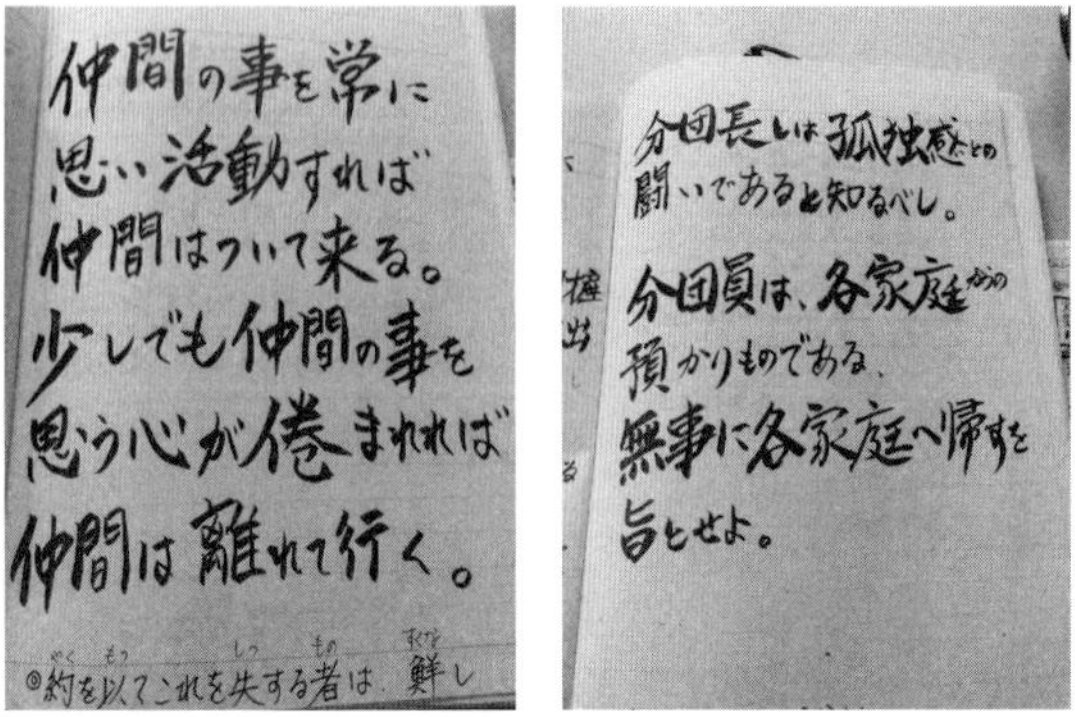

図 7.3　分団長の訓戒と活動心得

宮古市消防団第 28 分団（旧田老町消防団）（2015.2.11 田中和七さん提供）

う。これらの活動は、肉体的・精神的に通常の活動をはるかに上回る。それにもかかわらず、同様の活動を行う警察や消防署員、自衛隊のように給与を受け取れない。

　そして「〔消防団員は〕みんな仕事もなくなり、消防にすがっていた。何かやらないと、自分がおかしくなりそうだった」という言葉のように、なぜ消防団は住民にとって「便利屋」的存在となって働いたのか。

　震災時の消防団員の行動は、「目的」だけを重視した合理的な行為ではなく、「目的」と「価値」が共存していたのではないか。命を顧みずに水門を閉めに行く行動は、職務上の目的だけによるとは考えにくい。むしろ、住民および地域に対して貢献したいという使命感が、彼らの行動を決定する価値となって、団員を支えていたのではないか。

　この価値とは、震災時の行動を見ると、通常の消防団の目的である「住民の生命財産を守る」と表面的には同じである。住民の命と住宅や家財という財産を津波から守るために水門を閉めに向かい、生存者を助けるために救出作業を行った。それにプラスして、「何かやらないと自分がおかしくなる」という自分自身への「価値づけ」を行ったのである（図7・3）。

東日本大震災時の消防団の行動は、客観的には合理的とは見えにくい。なぜなら、本来の消防団は、住民の生命財産を守る「目的合理的行為」のみを行うからである。しかし、震災時の活動は「目的合理的行為」と「価値合理的行為」が共存していた。消防団本来の「目的」に、震災時の消防団員の使命感が加わり、「目的」と「価値」がつながった行動をとったのである。その中の最も合理的な行動の一つが、水門閉鎖の担当を決めないことであった。

4　消えないジレンマ――次なる災害に備えて

本来ならば、「遺体捜索」、「水門閉鎖」といった行動は、災害時のプロである自衛官や消防士が行うことが考えられる。なぜ地域ボランティアである消防団が、「死」の危険を冒す選択をして、社会的責任を負うような立場で行動できたのだろうか。これは地域住民である消防団員が「目的」と「価値」の両方に基づく合理的な行動をとったからである。

しかし災害時の消防団は多くの場合、ジレンマを抱えながら行動している。消防団には、津波到達の予想時刻何分前に、自分たちの避難を完了させるというルールをおいたところもある。たとえば先に述べた田老地区の宮古市消防団第28分団では、震災以前より津波到達時刻の15分前までに避難を完了させるというルールがある。これは津波常襲地である田老地区で、これまで亡くなった団員の死を無駄にしないために作られたルールである。

しかし、他地域にはこのような組織内の規則、ルールに対して少々疑問を持つ消防団員もいる。たとえば、15分前に避難を完了させようとしたとき、目の前に助けを求める住民がいたら、どうするだろう。当然消防団として地域の住民を見捨てるわけにはいかない。

ここには、住民を助けたい自分と、規則やルールを守らなければならない自分の「二人の自己」が存在している。さらには、自分自身、そして家族の命を助けたいという「一人の人間」としての自己も存在する。消防団は多くのジレンマを抱えながら行動しなければならない。

写真 7.4　町立船越小学校跡に植えられた桜の苗木

津波で取り残された小学生100名を消防団第１分団が救出した。
「未来の子らへ　この桜より上へ逃げよ」（石碑の碑文，山田町船越地区2015.2.10）

写真 7.5　４年たっても手つかずで壊れたままの防潮堤（山田町 2015.3.18）

このジレンマへの対策の一つの案として、水門の遠隔操作がある。「水門はこれから業者に委託して、遠隔操作にするようだ」(15・2・10　山崎光一さん)。山田町では、これから防潮堤などを建設する際に、遠隔操作によって水門を閉鎖できるようにする計画があるという。震災後の対応策と思われるが、おそらくこの遠隔操作にも田老地区の15分ルール同様に、ジレンマが見いだされるだろう。

おわりに

災害は、再び私たちを襲ってくるだろう。そのたびに私たちは、次の災害への対応を考えなければならない(写真7・4～5)。しかしながら、それらは決して完璧なものではない。この震災からもさまざまな対応策が考えられる。それが実際にどのように活かされるのかは、次の災害時にしかわからない。消防団でも、次の災害に対して多くのことが検討されているだろう。そこにジレンマが存在する。しかし、消防団には明確な「目的」と「価値」がある。この根底が崩れない限り、彼らは再び現場へと向かうだろう。

参考文献

後藤一蔵 2014『消防団　生い立ちと壁、そして未来』近代消防社
水沢泰三 1975「交換理論の限界―文化的操作的制約性」『慶応義塾大学大学院社会学研究科紀要』15: 17-

24.
中村博一 2013「自治と義勇のはざまで─ある消防団の民族誌(1)」『生活科学研究』35: 47-59.
鳥越皓之 1994『地域自治会の研究』ミネルヴァ書房
鳥越皓之 1996『家と村の社会学』世界思想社
マックス・ウェーバー 1972 清水幾太郎訳『社会学の根本概念』岩波書店（原著 1922）

参考資料

警察庁公式ウェブサイト「東日本大震災について」http://www.npa.go.jp/archive/keibi/biki/index.htm（2014.12.1 取得）
公共財団法人　宮城県消防協会公式ウェブサイト http://www.miyagi-syoubou.or.jp/info/wakabayashi（2014.12.8 取得）
総務省公式ウェブサイト「あなたの街の消防団　岩手県」http://www.fdma.go.jp/syobodan/search/03.html（2014.12.8 取得）
総務省消防庁　消防団公式ウェブサイト http://www.fdma.go.jp/syobodan/index.html（2014.12.8 取得）
総務省消防庁公式ウェブサイト「平成23年東北地方太平洋沖地震（東日本大震災）被害報」http://www.fdma.go.jp/bn/higaihou_new.html（2015.10.8 取得）

第8章　原発避難区域で殺生し続ける——猟友会のマイナー・サブシステンス

伊藤　翔太郎

はじめに

都会や街中と異なり、山沿いに住む人や田畑を耕す人たちにとって、イノシシやサルなどの野生動物に遭遇したり、耕作地を荒らされるのは決して珍しいことではない。それらのいわゆる有害鳥獣に対して、住民たちで対策を講じる地域も少なからず存在するが、基本的にはその地域ごとに狩猟免許をもつ猟友会という組織が対処し、「有害鳥獣捕獲隊」を結成するのが一般的である。

猟友会はボランティア同然のチームであるが、捕獲した動物を調理し、礼節をもってみんなで命を「いただく」のを楽しみに活動してきた。捕獲と同時に食べるという行為を通じて、その動物の供養を行い、住民や作物の安全を守ってきた。だが、福島第一原子力発電所の事故でそれが一変すること

福島県

福島県浪江町

になる。後述するように、原発避難区域では捕獲活動を続けるメリットがほぼ失われてしまったのである。猟を引退してしまう会員も数多く発生した。それでも捕獲活動を続ける狩猟者たちが存在する。避難生活の過酷な状況において、彼らは何のために活動を続けるのか、彼らの活動を支えるものは何なのか。

本章では、遊びや楽しみを伴った「マイナー・サブシステンス」という視角から、福島県浪江町の「有害鳥獣捕獲隊」を取り上げ、人間から動物まで震災の死の視野を拡げたとき、何が見えてくるのかを考えてみたい。

1　福島県で何が起こっているのか

1.1　原発事故前の福島県

山林付近で農業を営んでいく上で、有害鳥獣によって田畑を荒らされたり、農作物を食い荒らされることで被害が生じることは珍しくない。福島県も例外ではなく、毎年1億5千万円前後の被害が農作物に発生している。被害を与えるおもな有害鳥獣は、イノシシ、クマ、サル、鳥類等をはじめとする約10種類の動物で、特にイノシシ被害は深刻なものであった。県が調査したところ、県内59市町村のうち、中山間地域を中心とする42市町村で農業被害が発生し、そのうち約半分の24市町村で「毎年増加している」という（福島県イノシシ保護管理計画、10年10月）。また、イノシシだけで毎年約6

千万円以上の農業被害が出ており、年々捕獲数も増大していた。

全国的に見ると、福島県の鳥獣被害はどちらかというと低い部類に入るが、それでもこれほどの被害額が原発事故前から出ており、野生動物の行動は活発的だったといえる。

1.2　広がっていく動物の死

震災が発生した翌日の3月12日、福島第一原発から半径20キロ圏内の住民に避難指示が出されたことに始まり、避難区域からいっせいに人が姿を消した。最初は数日で戻れると思い、犬、猫、家畜に数日分の餌を与え避難した住民たちも多くいたという。しかし、避難から何年経っても自分たちの故郷に帰ることは許されていない。

原発事故後の避難区域内では、飼育者のいなくなった牛や豚などの家畜の野生化が次第に始まり、道路や町中を途方もなく徘徊する範囲が広がっていき、餓死してしまう動物も増大していった。家畜だけでなく、飼い主を失った犬、猫といった伴侶動物（ペット）も同様で、区域内の道路には白骨化した動物の死骸が転がっている、無残な光景が広がっていた。

この惨状に対して政府は、11年5月より警戒区域[1]について、立入規制により家畜の飼養は難しくなったとして、家畜の所有者の同意を得た上ですべて安楽死させる方針を決定し、同年8月までに牛59頭、豚2996頭、鶏337羽ほか計3422匹の家畜の殺処分を行った。12年4月5日より、所有者が希望する場合は殺処分せず、飼育を認める方針に変更した（12・4・6福島民報）。また、伴侶動物は、住民と共に避難したものが約３００頭、ボランティアなどによって保護されたものが約２千頭とされており、さらに約６００頭は行政に保護されたという（Human Society International 2013）。

津波により命をなくしてしまった動物も数多く存在するが、原発事故という人災によってこれほどの数の動物が悲惨な死を遂げていた。しかし、動物の被害はこれだけにとどまらず、違った形で浮き彫りになっていく。次節では、原発事故前とは比較にならないほど拡大していく有害鳥獣被害を見ていく。

1.3　野生動物のパラダイス

福島県の県内、県外への避難者数は合わせて約11万９千人にものぼる（15・１・30現在）。そのうち避難指示区域等からの避難者数は約９万９千人にまで及び、多くの人びとが避難生活を続けている（15・３・10現在、以上福島県ＨＰ）。

それ以降、人間と野生動物とのバランスが一気に崩れることになる。環境省が警戒区域（平成24年7月時点）とその周辺の調査を行った結果、イノシシは、海岸部を含め広い範囲で生息が確認され、畦の破壊や農地、庭の掘り起こしなど民家や農地に多大な被害をもたらしており、ニホンザルも同様に生息域が拡大し農作物への被害が生じている（平成25年７月、環境省 2013）。捕獲数も原発事故前より激増し、イノシシと豚が交配して生まれたイノブタ被害も出ており、事態は深刻化している。酪農家が避難先から家畜の餌を運んでも、すべて食い荒らされてしまうこともある。人間への警戒心も薄れ、人間を知らない個体も生まれ始めている。

人間による圧力から解放された動物たちは人と動物の生活圏の領域を超え、原発避難区域は文字通り野生動物のパラダイスとなっている。これらの鳥獣被害を抑えるために、警戒区域内の各自治体では鳥獣被害対策実施隊[2]と、地元猟友会の有害鳥獣捕獲隊を結成し、県では野生鳥獣たちの保護管理計画を策定し（たとえば、カワウ、ニホンザル、ツキノワグマ〔以上平成25・4・1〜平成29・3・31〕、イノシシ〔平成22・11・1〜27・5・28〕）、これを元に鳥獣の捕獲、駆除を行っている。

こういった鳥獣被害対策を担う市町村職員等ももちろんいるが、中心となるのは長年の経験と専門的な知識と技術をもち、地元に詳しい有害鳥獣捕獲隊の人びとであり、捕獲隊の存在なしでは鳥獣被害を抑えることはできない。次節では、現在猟を続けていくことが困難になりつつある避難区域内の捕獲隊の現状を、福島第一原発事故による弊害とともに見ていく。

2　狩猟から捕獲へ——狩猟者が抱える問題

2.1　続けるメリットのない猟

前節でも触れたが、福島第一原子力発電所事故後は環境ががらりと変わり、それと同時に猟を行う目的も変わっていった。事故が発生し、無人の町となった半径20キロ圏内の避難区域では、「野生化した牛や豚などの家畜、イノシシやサル等の鳥獣が、田畑や家々を荒らしている」とたびたび報道されてきた。その時も、捕獲隊が無人の町で活動を行っていたのである。避難生活の仮設住宅から何時間もかけて避難区域に向かい、住民がいつどれほど帰還してくるかわからない状態で猟をしなければならなくなった。そして何より警戒区域では、本来猟の楽しみにされてきた、イノシシ料理をはじめとする伝統的な「ジビエ料理」を、放射能汚染のために食べることができなくなってしまった。

これは、県が12（平成24）年4月1日より、動物の肉の放射線量の基準値を、１００ベクレル／キロに設定したことと、13（平成25）年7月5日より、イノシシ肉の摂取制限を県北、相双地区に、野生鳥獣の出荷制限を県内全域に設けたことが原因である。野生鳥獣とはイノシシ、キジ、ヤマドリ、カルガモ、ノウサギ、ツキノワグマである。

捕獲したイノシシの放射線量を見ると、個体の約9割は食品の基準値１００ベクレルを超えており、５００ベクレル以上／キロは約50％にも及ぶ。ほとんどのイノシシが多量の放射性物質を体内に溜めている（県内で捕獲されたイノシシ個体の最大放射線量は、6万1千ベクレル／キロ、平成25・3・11）。たとえ出荷制限がなくても、このようなイノシシを食べようとする狩猟者たちはほとんどいない。猟の娯楽としての側面が失われ「いくら捕獲しても食えないし、処分先もないから報われない。狩猟をやめていく人の気持ちもわかるよ」（15.2.15日本農業新聞）と地元の狩猟者は語る。

それでも猟を続けようとする猟師に追い討ちをかけるように、さまざまな障壁が立ちはだかる。一つめは、猟銃の保持が難しいことである。避難生活を送る猟師は、ガンロッカー（猟銃を自宅で保管するロッカー）を仮設住宅に設置することができない。住所が不定であるため、銃の保管が不十分と判断されるからである。このため、引退を余儀なくされた猟師もいる。

二つめは、お金の問題である。猟銃を所持すると狩猟税がかかり、一丁何十万円もする猟銃を購入し、保管料がかかるほかに、銃弾一つにもお金が要る。娯楽としての側面を失った猟に多くのお金をつぎこむことは、難しくなる。

三つめは、時間と労力がかかることである。避難してもなお、自分たちの町を守るために避難先から通う猟師もいるが、その移動費も自分で負担しなくてはならず、収穫なしということも稀ではない。実際に筆者が捕獲活動に同行した際も、捕獲なしという日が何度かあった。

2.2　猟師が減る

狩猟者は地元の猟友会に登録することになっている。福島県の猟友会の会員数は、3542人であった。これは47都道府県中7番目に数が多く、東北の中でも最も人数が多い。福島県猟友会の活動は活発で、それなりの規模を誇っていた（10年度時点）。しかし原発事故が発生してからは一転、会員数は約3割減り2586人にまで減少した。

正式名称「大日本猟友会」は、「野生鳥獣の保護増殖事業」、「狩猟事故・違反防止対策事業」「狩猟共済事業」の三つの事業を目的とした公益団体である。大日本猟友会の下に各都道府県の猟友会、その下に各自治体の猟友会が属する。元々猟友会は原発事故前から全国的に会員数が減少傾向にあり、10〜11年度にかけて各都道府県で平均約110人減少していた。その数と比較すると、福島県では千人近く会員数が減っており、飛び抜けて多いことがわかる。むろん、この中には県外に避難した会員も含まれているが、原発事故を境に猟から離れてしまったのである。

猟師が減ればそれだけ鳥獣被害も増える。福島県はこれ以上狩猟離れを加速させないため、12年度から狩猟時期を延ばし、最も被害が多いイノシシに一頭あたり5千円の捕獲奨励補助金を予算化した。これにより、狩猟離れを防ぐことができた。後述する浪江町ではそれ以外にも、イノシシ一頭あたり自治体から1万1千円を受け取っているが、出費と負担を考えれば猟を続ける理由にはならない金額である。多くの時間とお金をかけて、自らの命の危険を冒して猟をしようとする新規の猟師は、ほとんどいないと言っても過言ではないだろう。

いま避難区域で猟を続けるには、自分たちのメリットは無視した上で多くのデメリットと向き合い、いわばボランティアの精神で取り組まなくてはならない。次節からは浪江町の有害鳥獣捕獲隊を事例に取り上げ、その中で隊員たちはなぜ猟を続けているのか、答えていく。

3　浪江町の野生鳥獣被害

3.1　浪江町の震災被害と原発避難

避難区域の一つである福島県浪江町は、同県の最東端に位置し、西は阿武隈山地、東は太平洋に面した場所にある。浪江町は約7割が山林となっており、海岸部は漁港を持つ漁村、山間部は山村、そ

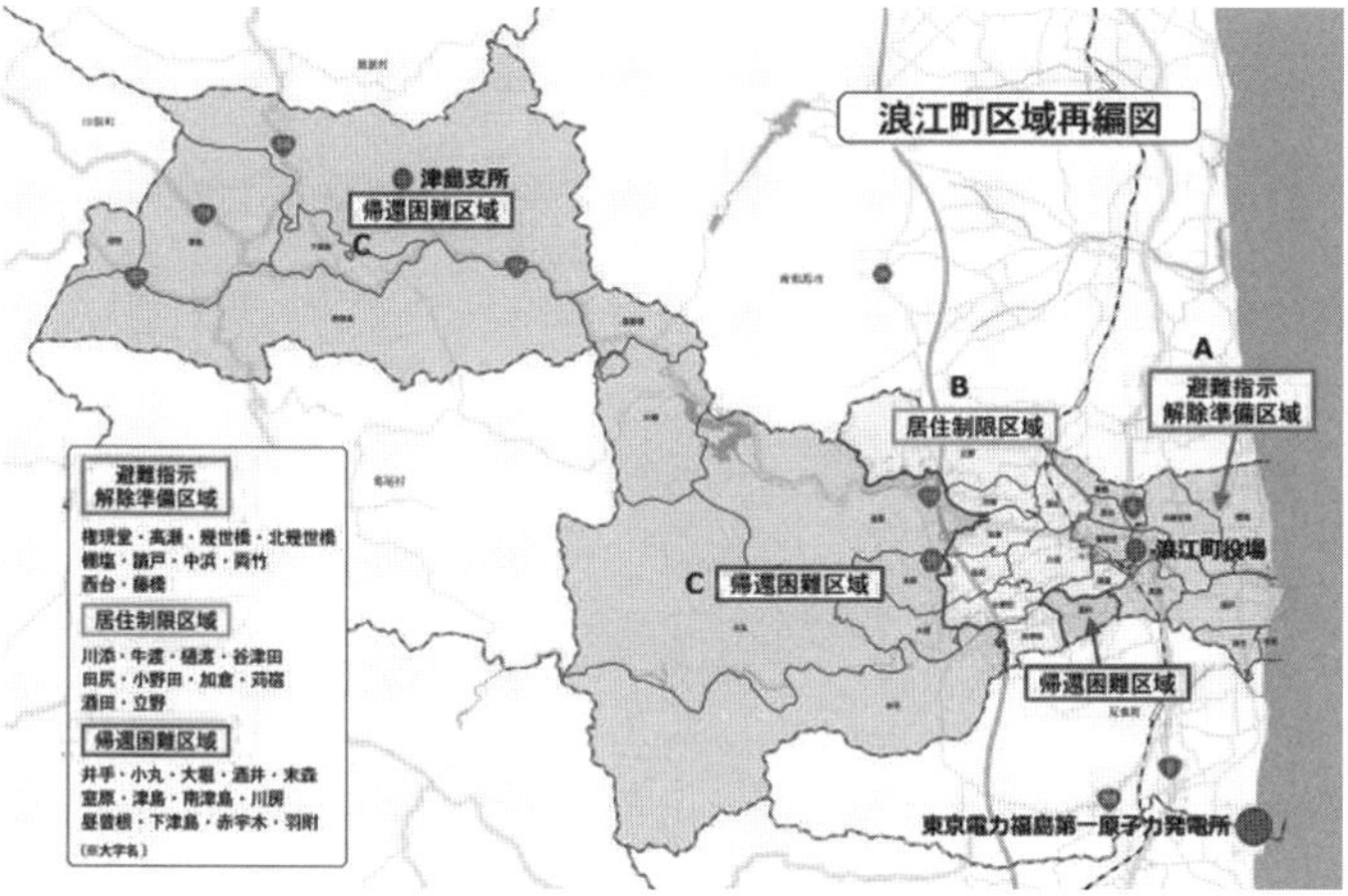

図 8.1　浪江町の避難指示区域再編図（浪江町 2013〔平成25〕年4月更新）

して交通の要衝である中心部は商業という生活空間をもつ。基本的に西側は津島地区、東側はひらば地区に分かれる。

震災により、浪江町では全体で死者数１４９名（津波による死者１４８名）、行方不明者34名（津波と原発事故後、捜索困難による）、震災関連死は今もなお増え続けており、平成27年７月29日時点で３６６名にのぼる（平成27・７・29「浪江町の現状と課題」）。震災当時、津波によって流された遺体はほぼすべて腐敗して真っ黒になっており、「チョコレート色になっていた」と表現されている。遺体にはうじ虫が大量にわき、死臭とヘドロの匂いが混じり、息をするのも困難なほどだったという。また通常とは全く異なり、津波に流されたご遺体は苦痛や苦しみに悶えた表情で発見されたという。

しかし、被害はそれだけに留まらず、同日に発生した福島第一原発事故の影響により、今もなお２万９６

9名の住民が県内外へ避難している（平成27・8・31現在）。浪江町の西側は「帰還困難区域」、東側の一部は「居住制限区域」、海側は「避難指示解除準備区域」に指定されている（平成27・9・5現在）（図8・1）[3]。山間部等では放射能の除染作業が難航を極めており、町の調査によると、平成24年度時点で浪江町に戻らないと決めている住民が41・7％（わからない31・4％）に対し、2年後の平成26年度時点では48・4％（わからない24・6％）と増加してしまった（平成26・10・17現在、復興庁・福島県・浪江町 2014）。

3.2　浪江町有害鳥獣捕獲隊

野生鳥獣被害は浪江町も例外ではなく大きな問題となっており、震災後の11年7月より6名の隊員が捕獲隊としての活動を再開した。浪江町で確認された鳥獣はおもにイノシシとサルだが、他にもアライグマ、カワウ、タヌキ、ハクビシン等も目撃、捕獲されている。原発事故当初はこれらの鳥獣に加え、家畜で飼われていた牛や豚、ダチョウ等が平然と道路を横断しているところが確認された。捕獲隊は環境省と協力して家畜の保護活動も行った。

浪江町でもイノシシの被害が最も大きく、原発事故前のイノシシ捕獲数39頭（平成22年度）に対して、事故後は122頭と跳ね上がっている（平成25年10月～26年3月）。捕獲隊隊長である牛渡信吾さん（65歳）は、「（原発事故後）浪江だけでも300頭は獲っている」と語る。

むろん捕獲隊員たちも避難生活を続けており、牛渡さんは福島市に、副隊長を務める田河晴幸さん

（53歳）と隊員の今野悦男さん（63歳）は二本松市内に避難している。毎週火曜日と金曜日の2回、捕獲隊は約2時間をかけて浪江までやってくる。朝8時半から休憩を挟み、14時まで作業は続く。

本来、避難先の仮設住宅にはガンロッカーを設置できないが、牛渡さんは警察から特別の許可を得て猟銃を保管している。それ以外の捕獲隊員は「鉄砲屋」に有償で預けており、今野さんはそれが大変なのだと語る。

3.3　捕獲活動の流れ

調査当時、捕獲隊は5名という少人数で捕獲活動を行っていた。では、イノシシの捕獲活動はどのような流れで行われるのだろうか（写真8・1～2）。

写真 8.1　イノシシの罠を確認する捕獲隊隊長の牛渡信吾さん（浪江町 2015.5.16）

浪江町役場には一時帰宅した住民から「有害鳥獣捕獲依頼書」が提出されたり、パトロール中の警察や帰宅中の住民から目撃情報の電話が寄せられる。それらを元に役場が地図を作成、捕獲隊に渡し、出動する。現場ではどこから鳥獣が侵入してきたのか、足跡の方向や位置を特定して罠を設置し、次の猟の際に現場へ赴き、罠にかかった鳥獣がいれば猟銃で慎重にとどめをさす。

このように時間や労力がかかるなかで、彼らが猟を続ける理由とは何なのだろうか。そこには、原発事故前から捕獲隊として活動してきた使命感と、本来失われたはずの猟を楽しむという娯楽の側面が関係していた。彼らはいったい何に対して、楽しみや誇りを見出しているのか。

4　捕獲活動を支えるマイナー・サブシステンス

4.1　捕獲隊の歴史

浪江町の有害鳥獣捕獲隊はかつて「有害鳥獣駆除隊」という名前で活動しており、今野さんが駆除隊に入ったのは昭和62年である。駆除隊はもっと前から存在しており、長い歴史をもっている。福島県のなかでも浪江町は狩猟がさかんで、昭和45～50年頃は浪江だけで「鉄砲打ちが４００人ほどいた」時期もあった。人数が多すぎてあまり捕獲できなかったが、各家庭に一丁は銃があり、狩猟は自然の中のスポーツとして日常的な活動であった。

「今でこそ猪も害獣、キジ、ヤマドリも害獣って言ってるけど、それで自然を共有してこれたんだから、それが楽しいよな」と今野さんが語るように、人間と動物は自然を共有しながら生活していた。しかし、時代が進むにつれ次第に銃の管理が厳しくなり、時間とお金がかかり、次第に狩猟者は減っていった。

狩猟歴45年になる隊長の牛渡さんは、捕獲隊に入ってから一度も猟を休んだことはなく、毎回参加

写真 8.2　罠を仕掛ける牛渡さんと今野さん
イノシシが餌を食べようと檻に入るとストッパーが落ちて閉じ込められる（浪江町 2015.5.17）

している。原発事故前は毎朝猟に出かけ、獲物を毎日食べていたという。捕獲隊全員が何十年も活動を続けている。彼らにとって、捕獲隊の活動は生活の一部になっているのである。それだけに、彼らの責任感は強い。「自分たちがやらないと、他にするひとがいないから」（15・3・13　今野悦男さん）と語るように強い使命感をもっているのである。

また、捕獲隊員は全員生まれも育ちも浪江町である。それゆえ人一倍故郷への愛着は強く、同じ悲しみを抱く浪江住民のために、という思いも強くなる。牛渡さんは35歳まで浪江町の消防団にも参加して日常的に浪江を守り続け、さまざまな方面から住民たちとのつながりができていた。「やっぱりそこ（住民のため）は大きいよな、それで喜ばれれば一番いいことだから、そうでしょ？」。よその町ではなく、浪江の住民相手だから嬉しい、と隊員の田河さんは当たり前のように語る。

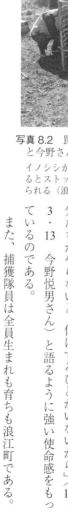

4.2　マイナー・サブシステンス

彼らの活動を支えるものとして、マイナー・サブシステンスが考えられる。人類学者の松井健の定義づけによるとマイナー・サブシステンスとは、

「(1)最重要とされている生業活動の陰にありながら、それでもなお脈々と受け継がれてきている生業、(2)消滅したところで、たいした経済的影響をおよぼさないにもかかわらず、当事者たちの意外なほどの情熱によって継承されてきたもの（しかし、経済的意味が少しでもあることが重要）、(3)きわめて身体的な、自然のなかに身体をおき身体を媒介として対象物との出会いを求める行為」（松井 1998: 248）

である。こうした活動は「大した経済的意味がないからこそ、純粋な労働の性質をもっているというより、一部の人がおこなう趣味であり、娯楽の色彩、すなわち楽しみの強い生産活動であるといえる」と松井は指摘する。

原発事故前は、狩猟を行う人びとの食卓では、豚肉等よりもイノシシ肉が一般的で、ふだんから食べられていた。基本的に獲物は自分たちで捌き、焼肉やぼたん鍋にする。肉に限らず、内臓や脳みそも利用される。「脳みそは白子みたいでうまいし、サルだって脳みそを刺身にして醤油につけて食うとうまい」と隊員たちが語るように、捕えた鳥獣は全身余すことなく食べられていたのである。また、津島地区には捕獲隊に所属する人の店もあり、そこの料理は絶品だったという。浪江町でイノシシを扱うのは唯一そこだけで、狩猟者はみな集まって楽しく語らいながら、ジビエ料理を食していたのである。

このように、本来猟によって自ら仕留めた獲物を仲間内で分けて、猟の後においしく食べることが猟師たちの楽しみであった。

4.3　頭脳戦を楽しむ

原発事故後、イノシシを食べる楽しみを味わうことはできなくなった。捕獲隊に猟を生業にしている人はおらず、やめても経済的影響をさほど受けることはない。それでも彼らが捕獲活動を続けるのは、猟それ自体に楽しみがある、つまりイノシシとの駆け引き、頭脳戦を楽しんでいるからである。「イノシシも学ぶんだよな」（15・2・24　牛渡さん）。一度罠にかかったものの脱出に成功し、檻に入らず前足を使って器用に餌をとる個体、罠を恐れて現れなくなる個体、その逆にまたやってくる個体。そういったイノシシたちに対して、餌や罠の配置を変えたり、酒カスを使っておびき寄せるといった対策を練る。彼らはイノシシとの駆け引きを楽しんでいるのである。

また、捕獲活動の最中、イノシシに反撃されることは猟を行う以上、必ず起きることだ。

「イノシシさ正面から突っ込んできて、こっちはそん時丸腰だったから。急いでトラックさ逃げて、ドア閉めて。イノシシ何回も車に体当たりしてきたよ」（15・2・17　牛渡さん）。

隊員の田河さんも眼鏡を壊されたり、過去には指を食いちぎられた人もいたという。このような危

写真 8.3　仕留めたイノシシ
原発事故後，獲物を食べることができなくなった（浪江町 2015.5.17）

険を冒すエピソードも、彼らは当たり前のように笑いながら楽しく語らう。これは、彼らが猟そのものに楽しさを見いだすからである。

だが、彼らは決して野生動物の命を奪う行為を楽しんでいるわけではない。「鉄砲で殺して喜んでる人たちは（猟師）ぶってる人たちだ」（15・2・13田河晴幸さん）と語るように、彼らは殺生に楽しみを見いだしているわけではない。あくまで駆け引きを楽しんでいるのである。

4.4　誇りを胸に

マイナー・サブシステンスのもうひとつの側面として、「技芸の習得」とそれが「誇り」を生み出すことを、竹之内裕文は指摘する（竹之内 2008）。捕獲隊では、大きい害獣を獲った隊員は天狗になった気分で誇らしくなるという。それは、猟師としてのプライド、原発事故前も今も変わらない誇りがあるからである。原発事故前は、大きな獲物を捕えた猟師は猟の後の宴会でもその日のヒーローとして扱われていた。大きい獲物ほど味がおいしく、お肉の量も増えるからである。食べることができなくなった今でも誇りを持ち続けていられるのは、大きい個体ほど捕獲が難しく、町にもたらす被害の度合いが大きくなるからである。難しい害獣を捕獲することは、それだけ自分の猟師としての実力、技術が証明されたことになる。このことが猟師としての自信、誇りになり、今でも大きい害獣を捕獲すると食べる、食べないにかかわらず、誇らしくなるのである（写真8・3）。

以上のように、経済的な意味をほとんど持たず成果のない日もあるなかで、楽しみ、誇りを伴うマイナー・サブシステンスが、捕獲活動を続ける大きな要因になっているのである。

しかし、捕獲活動は殺生行為であることには変わりない。それがどのような形であれ、動物の命を奪う際に誰しも「負い目」を感じる。その感情があるからこそ、供養の文化が生まれ、野生動物の殺生と向き合ってきた。ところが浪江町の捕獲隊は、多い時には一日に10頭以上イノシシを捕獲する時もあるが、供養という行為は存在しないのである。彼らはいったいどのように負い目の感情を打ち消し、捕獲活動を続けているのか。

5　避難区域だからこそ――供養から使命感へ

5.1　猟師の動物供養の方法

一般的に狩猟等で捕獲した動物に対して、猟師たちは二つの方法で供養を行っている。一つは、自分たちで捕獲した動物を食べて供養するという点である。ほとんどの猟師たちは、取った獲物を自分たちで「いただく」ことが最大の供養になるという考えをもっており、個人または猟師仲間と分け合ったり、鳥獣供養祭を開き、住民みんなで命をいただいて供養する地域も存在する。

たとえば長野県大町市美麻では、地元猟友会と猟友会員で振興会をもち、神事の後、山の恵みに感謝をしながらお肉をいただく供養祭を開いている。「調理加工されたお肉は地元のホテルや小学校の給食等にも提供され、命のありがたさや感謝の気持ちを込めて食べて供養している」(2013.11.15 信濃毎日新聞)。

「やっぱりー食ってな? 食ってなんぼだと思うんだ。ほんとは」(15・2・13 田河さん)

「食わねでなげん〔捨てる〕なら、とらねほうがいい」(15・2・13 牛渡さん)

浪江町の捕獲隊もみな口を揃えて、食べることが供養にもなると語り、同じ考えが存在していた。二つめは、供養碑、供養塔の設置である。徳島県那賀町では、地元猟友会の会員たちが動物を殺すことに精神的な負担を感じ、地元のお寺の境内の一角に供養塔を設置した(2013.8.31 徳島新聞)。浪江町でも、以前捕獲隊が役場の予算を使い、津島地区とひらば地区のそれぞれ二ヵ所に供養塔を建てていた。原発事故前は年に一度、捕獲隊全員で供養塔のあるお寺にお参りしていたが、現在その供養塔には訪れていない。

5.2 供養に対する四つの感情

有害獣駆除という正当な理由で認められているとはいえ、やはり狩猟は動物の命を奪う行為である。供養の根底にはどのような感情が存在するのか。

命をいただくという供養には、基本的に山の恵みに対する「感謝」、命に対する「敬意」、そして「鎮魂」の感情がある。また、これらの感情とは別に、宗教学者の若林明彦は「祟り」の議論を展開している。

「実際、現代の日本においても人間、動物のみならずあらゆるものを供養する習慣が見られるが、それは、供養の対象に感謝の意を表するというよりも、供養しないことから生起するそのものの『祟り』を何となく恐れてそれをあらかじめ封じ込めるためだと多くの人が漠然とながらも意識しているのではないだろうか」（若林 2005: 55）。

東北各地には熊霊供養塔が建てられているが、これは「森の王者」でもあった熊の霊は強力であったので、熊を相手にしてきた猟師たちは、自分の殺した熊の霊の報復を恐れていたために建てられたと、人類学者の中沢新一は指摘する（中沢 2002: 179）。また、前述した徳島県那賀町の供養塔を建てる際、体の不調を駆除のせいではないかと考える猟師もいた（同上、徳島新聞）。疑問はひとまずおいて、その猟師は動物の祟りが体に影響を及ぼしているのではないかと感じて、供養塔を建てたのである。原発事故前の浪江町でも、津島地区などの山間部ではサル猟がさかんであったためか、誰かが死ぬのはサルの（祟りの）せいだと言われていたという。

以上のように供養の対象が有害鳥獣であっても、命をいただくことへの「感謝」「敬意」「鎮魂」、そして祟りを恐れる「畏怖」の感情から、供養は行われてきたのである。

翻って浪江町の猟の現状を見ると、まず猟で捕獲した動物を食べて供養することはできない。供養塔へのお参りもなく、供養の方法はなくなっている。調査を進めると、隊員たちは負い目の感情を打ち消し、捕獲作業を続けていることがわかってきた。原発事故前は各地と同様の供養が確実に存在していたが、事故後、彼らはどのようにして動物の殺生と向き合い、猟を続けることができるのだろうか。そこには、故郷が原発事故によって避難区域となり、誰も住めない無人の町となったからこそ、の思いが関係していた。

5.3 負い目の感情を打ち消す

宗教学の若林明雄は、生物学者である中村禎里と中村生雄の説を紹介している（若林 2005）。中村禎里は、動物の命を奪うことに対して、罪責感を消去するしくみは4種類に分類できるという[4]。中村生雄はこの分類を踏まえたうえで、基本カテゴリーは第一と第二、すなわち彼が言うところの「供犠の文化」と「供養の文化」だけであるとした（同：52-53）。ここで注目したいのは、中村生雄が第四のタイプ、「動物殺しそのものに罪責感をもたない文化」は確認されたことがないと述べている点である（国立歴史民俗博物館 1997：219）。

しかし、浪江町の捕獲隊では負い目の感情や罪責感が消失しているようにみえる。実際、「命を奪うことに対して何か感じたことは？」と隊員に質問を投げかけたところ、「そんなことは考えない」と一蹴した上で次のように語った。

「ただ一般的にはやっぱり野生の生き物だから、あのー可愛いってのはあるわけよ。だけど、鉄砲もって、それを捕獲するとなれば、かわいそうだって思ったら撃たない。だから、そういう思いでは、捕獲隊にはなれない」（15・2・13 今野さん）

では、彼らはなぜ負い目をもたず猟を続けることができるのだろうか。ひとつは、マイナー・サブシステンスこそが、負い目払拭のための支えになっているからである。楽しさや遊び、誇りを伴うこと以外に、彼らのマイナー・サブシステンスには、負い目感情を打ち消す大きな役割が存在していたのである。

そして二つめに、私たちの想像を上回るほどの鳥獣被害を目の当たりにして、今日までずっと見続けていることである。ふつう鳥獣被害とは田畑や共有林で、農作物や耕地が荒らされるという、住居から離れた外側の被害であり、住民自身が有害獣を追い払うこともあり、すぐに対応できていた。しかし、原発避難区域では人が住めなくなり、被害に対応することもできない。さらに人の気配がなくなったことで鳥獣たちは家の中にまで入るようになり、住民たちの生活と思い出の場を荒らしていく。住居の内側まで深く被害が拡大しているのである。

生まれてからずっと暮らしてきた浪江に住めなくなり、その故郷が動物に荒らされ、今までとは圧倒的に違う被害を見てきた。動物と自然を共有し、狩猟を生活の一部にしてきた隊員たちは原発事故後、動物が人の生活圏を侵食し、大切な家や田畑を次々と蹂躙するのをどのような思いで見続けているだろうか。だからこそ、命を奪うことに対する負い目を払拭し、殺生を続けられるのではないか。

有害鳥獣捕獲数は増え続け、人の住む領域から鳥獣たちがいなくなるのはいつになるかわからない。「ここさいれば、まだまだとれんだよな」（15・2・17　今野さん）と隊員が言うように、いまだ人と動物とのバランスは崩壊したままである。原発事故前の浪江の町並みが戻ることを信じて、彼らは捕獲作業を続けていく。

5.4　浪江のために殺生し続ける

浪江町有害鳥獣捕獲隊をはじめとして、猟を行う人びとは「動物を殺して楽しいですか？」「むやみに動物を殺さないで」といった電話を受けることがしばしばあるという。しかし、彼らは決して好んで殺生をし、命をむげに扱っているわけではない。命を奪う立場だからこそ、猟師たちは人一倍命に対して礼節を重んじ、供養の文化を担ってきた。

浪江町ではそんな彼らが負い目の感情を打ち消し、ごく少人数で捕獲活動を続けることができるのは、楽しみや誇りを伴ったマイナー・サブシステンスが大きな支えになっているのと、長年浪江町の行政や住民とさまざまな交流をもち、深く関わってきたことがある。浪江のためという奉仕的な感情が、彼らの中で当たり前になっているのである。デメリットを度外視して大きな責任が伴う狩猟を続けているのも、浪江の住民のために何かをしたいという思いが特別なものではなく、原発事故前から続く、ごく普通の感情であるからであった。

写真8.4　イノシシを仮埋葬地に運ぶ
後ろは建設中の仮設焼却施設。完成後, 獲物は焼却されている（浪江町 2015.3.13）

捕獲して仕留めたイノシシ等の鳥獣の死骸は放射線量が高いため、環境省に委託された業者がショベルカーで穴を掘り、その穴に埋めて仮埋葬をしていた。平成27年6月には、同省が浪江町に建設した巨大な仮設焼却施設が完成し、現在は焼却されている（写真8・4）。

おわりに

仮に狩猟活動をやめても、隊員の日常生活にデメリットの影響があるわけではない。ましてや避難先で働いている隊員もおり、より自由な時間を確保できるため、メリットの方が大きいと考えるのが普通だろう。実際やめてしまう狩猟者が多いなかで、浪江町の捕獲隊は、狩猟活動を生活の一部として今も続けているのである。

当たり前の活動を支えてきたのが、マイナー・サブシステンスとしての楽しみであった。原発事故後の狩猟活動は、メリットがあるものではなかった。しかし、浪江の捕獲隊員たちは、狩猟を通してかつての生産性や経済性を度外視した楽しさと、長年磨いてきた技術と誇りを糧として、狩猟を続けることができた。野生動物を殺生する意味が変化するなかで、そこには失われたはずの猟に対する「楽しみ」と「誇り」があった。

有害鳥獣の捕獲は増え続けていくだろう。これからも染みついた奉仕的な感情と、狩猟を通してつながる仲間の交流が続く限り、捕獲隊の狩猟活動は続いていくだろう。

注

1　警戒区域とは、災害による危険を防ぐために、許可された者以外の出入りを禁止したり、制限を設けた区域のこと。福島第一原子力発電所から半径20キロ以内は警戒区域であった（11年4月22日～13年5月28日）。

2　鳥獣被害対策実施隊は、狩猟免許証を所持した市町村職員らによって構成される。隊員は市町村長が指名し、捕獲を適正かつ効果的に行うことができる技能を有する。実施隊を設置するには手続きが必要になる。実施隊の職務は被害防止を優先し、侵入防止柵の設置、被害状況や生息数の調査、近隣への聞き取り調査を行い、最終的に罠や猟銃を使った捕獲作業に入る。実施隊を設置すると優遇措置を受けることができる（鳥獣被害対策基盤支援委員会 2014）。

3　政府の原子力災害対策本部は警戒区域を見直し、平成25年4月1日より避難区域を新たに以下の3区域に再編成した。

「避難指示準備区域」とは、特別な許可なく入ることは可能だが、泊まることはできない。お店や会社を開くことは許されている。

「居住制限区域」とは、放射線の年間積算線量が20～50ミリシーベルトの地域であり、その区域に住むことや許可なく泊まることは許されていない区域のことである。特別な許可なく入ることは可能だが、お店や会社を開くことは許されていない。例外的に、ガソリンスタンドは開いている。

「帰宅困難区域」は、現在の放射線の年間積算線量が50ミリシーベルトを超えており、5年後も20ミリシーベルトを下回らない可能性のある地域のことで、特別な許可がなければ立ち入りすることのできない区域である（碓井 2014）。

4　中村禎里は、第一に動物を神の賜物とする方法（キリスト教、イスラム教のように創造神をもつ一神教の文化）、第二に殺した動物の霊を弔う方法（日本文化）、第三は、死んだ動物を利用する者が自らを動物を殺す者から分離することによって、自分の罪責感を回避する方法、第四に動物殺しそのものに罪責感をもたない文化、の四つに分類した（中村禎里 1997: 175-176）。

参考文献

千松信也 2015「猟師がいなくなる!?」現代狩猟生活入門 2010.12.7 http://econavi.eic.or.jp/ecorepo/eat/127（2014.12.6 取得）

エルメル・フェルトカンプ 2009「英雄となった犬たち―軍用犬慰霊と動物供養の変容」菅豊編『人と動物の日本史3　動物と現代社会』吉川弘文館：44-68.

藤村美穂 2010「ムラの環境史と獣害対策―九州の山村におけるイノシシとの駆け引き」日本村落研究学会企画　牧野厚史編『鳥獣被害――〈むらの文化からのアプローチ〉』農山漁村文化協会：74-114.

平田剛士 2014『非除染地帯――ルポ3・11後の森と川と海』緑風出版

Human Society International 2013『福島原子力発電所事故が動物に与えた影響に関する調査研究　Study on the Impact of Fukushima Nuclear Accident on Animals』北里大学農医連携教育研究センター

金菱清編・東北学院大学震災の記録プロジェクト編 2013『千年災禍の海辺学――なぜそれでも人は海で暮らすのか』生活書院

国立歴史民俗博物館編 1997『動物と人間の文化誌』吉川弘文館

松井健 1998「マイナー・サブシステンスの世界―民族世界における労働・自然・身体」篠原徹編『現代民族の視点Ⅰ　民族の世界』朝倉書店：247-268.

松井健 2004「マイナー・サブシステンスと環境のハビトゥス化」松井健編『島の生活世界と開発3　沖縄列島――シマの自然と伝統のゆくえ』東京大学出版会：103-126.

中村生雄・三浦佑之編 2009『人と動物の日本史4　信仰のなかの動物たち』吉川弘文館

中村生雄 2010『日本人の宗教と動物観――殺生と肉食』吉川弘文館

中沢新一 2007『ミクロコスモスⅡ』四季社

竹之内裕文 2008「生と死の現在―ある過疎の農村から考える」『金城学院大学キリスト教文化研究所紀要』11: 55-80.

碓井真史 2014.3.11「帰宅困難区域・住居制限区域・避難指示解除準備区域の違いとは―ふくしまと共に原子力災害に負けず」http://bylines.news.yahoo.co.jp/usuimafumi/20140311-00033430/
若林明雄 2005「宗教的コスモロジーにおける神、人間、動物―環境思想としての動物権利論と動物供養の意義」『人間環境論集』法政大学人間環境学会 5: 45-59.
八木進 2014「復興の町福島県浪江町町民帰還を目指す猪捕獲隊員の活動」『けもの道』9: 54-57.
依田賢太郎 2007『どうぶつのお墓をなぜつくるか――ペット埋葬の源流・動物塚』社会評論社

参考資料

鳥獣被害対策基盤支援委員会 2014『改訂版野生鳥獣被害防止マニュアル　イノシシ・シカ・サル実践編』株式会社エイエイピー
復興庁・福島県・浪江町 2014『平成26年度　浪江町住民意向調査結果（速報版）』復興庁 http://www.town.namie.fukushima.jp/uploaded/life/9436_29259_misc.pdf
福島県 2013『第11次鳥獣保護事業計画』https://www.pref.fukushima.lg.jp/uploaded/life/128706_254702_misc.pdf
同 2014「福島県の野生鳥獣保護管理等に関する各種計画」https://www.pref.fukushima.lg.jp/sec/16035b/yaseityouyuuhogokannrijigyoukeikaku.html（2014.11.30 取得）
同 2015『福島県イノシシ保護管理計画』https://www.pref.fukushima.lg.jp/uploaded/life/128706_254698_misc.pdf
福島民報 2011.4.25「警戒区域で家畜を殺処分へ　県が所有者の同意を得て」

同 2012.4.6「20キロ圏家畜飼育容認　出荷は禁止」
福島民友「「帰還困難」「居住制限」「避難指示解除準備」区域」http://www.minyu-net.com/osusume/daisinsai/saihen.html（2014.12.2 取得）
ＪＣＡＳＴ 2013.2.16「私見クローズアップ現代　ハンターになりませんか？　環境省が若者に呼びかけ―猟友会「高齢化と激減」で農林業被害拡大」http://www.j-cast.com/tv/2013/02/16165543.html
環境省自然環境局野生生物課鳥獣保護業務室 2013『平成24年度福島県における野生鳥獣の生息状況等に関する調査結果（概要）』一般財団法人自然環境研究センター実施 https://www.env.go.jp/press/files/jp/22694.pdf
毎日新聞福島版 2012.9. 24「東日本大震災：イノシシ、田畑に穴　「表土はぎ」除染困難に　農家「耕地に戻せない」第一原発20キロ圏／福島」
浪江町 2011, 13「住民意向調査・アンケート」「平成24年度　浪江町住民意向調査（復興庁・福島県・浪江町共催）調査結果」「平成26年度　同上」http://www.town.namie.fukushima.jp/site/shinsai/list16-108.html（2014.6.20 および 2015.3.20 更新）
同 2013「津波被災地の集団移転に関するアンケート集計結果」http://www.town.namie.fukushima.jp/uploaded/attachment/1245.pdf（2013.2.19 更新）
同 2014「浪江町有害狩猟鳥獣捕獲等事務取扱要領（平成15年４月１日告示第25号）」『浪江町例規集』http://www.town.namie.fukushima.jp/reiki/act/frame/frame110000398.htm（2014.6.17 更新）
同 2015「福島県浪江町の現況～大震災と原発事故から４年目の歩み」http://www.town.namie.fukushima.jp/site/shinsai/9175.html（2015.2.10 更新）

浪江町役場復興推進課 2015「浪江町の現状と課題」http://www.town.namie.fukushima.jp/uploaded/attachment/3939.pdf（2015.7.29）

日本農業新聞 2013.12.28「〔現場から〕原発被災地で野生獣害深刻化　帰村できなくなる…福島県飯舘村」

農林水産省 2013「警戒区域内の家畜の安楽死処分の対応に関するQ＆A」http://www.maff.go.jp/j/kanbo/joho/saigai/katiku_anraku.html（2013.8.3 取得）

同 2014「野生鳥獣による農作物被害状況」http://www.maff.go.jp/j/seisan/tyozyu/higai/h_zyokyo2/h24/（2014.12.15 取得）

信濃毎日新聞 2013.11.15「おいしく食べて鳥獣供養　大町・美麻の猟友会員ら、山の恵みに感謝」

徳島新聞 2013.8.31「駆除した鳥獣安らかに眠れ　那賀に供養塔完成」

全国農業新聞 2013.11.12「各地の話題 列島最前線　鳥獣供養塔 寺境内に建立　農作物被害で駆除鎮魂願う 徳島・那賀町」

プロジェクトを終えて

東北学院大学 震災の記録プロジェクト
金菱 清（ゼミナール）
工藤優花 菅原 優 水上奨之 斎藤 源
小田島武道 小林周平 伊藤翔太郎
（執筆順）

調査をしていて遺族の方から涙ながらに言われたことがあった。「何回も死のうと思った」「なんで自分だけ助かったんだろう」。本書で私たちが扱ったテーマは、お読みいただいた通り「震災における死」である。本編は編者を除き、すべて学部生の手によって書かれた論考である。

編者から震災本プロジェクトの提案を受けたのは、ゼミが発足する前の二〇一三年秋口のことだった。ふだん通り輪読を主とするゼミ運営と、この「震災死」に関する出版プロジェクトのどちらに着手したいかという選択肢を与えられた。しかし、私たちは二つ返事で「プロジェクトをやります」と答えることができなかった。というのも、金菱清編『3・11慟哭の記録』、『千年災禍の海辺学』の調査が行われた震災直後に比べ、被災地における問題が生存（survive）から、生活（life）にシフトしようとしている時期だった。つまり被災者の自死（殺）が相次いだように、生存レベルでの課題が解消されたのと引き換えに、精神的な面での課題が顕著に表れてきた時期だった。そんな背景がありながら、果たして「震災死」というデリケートなテーマと最後まで向き合うことができるのだろうかと緊張感が迫るのを感じた。

東北の中心である仙台市に位置する私たち東北学院大学の学生は、東北出身者が在学生のほとんどを占めている。つまり、多くが東日本大震災を体感した身である。そのなかでも私たちは高校三年に進級する春に震災を経験し、被害や支援の様子を肌で感じながら受験をして入学した世代である。そのため地域構想学科の学生として東北地方に貢献、もしくは恩返しできることはないかと模索している仲間が多くいた。しかしその気持ちに逆らうかのように、あれほどまでの被害をもたらした震災の記憶も、時間の経過とともに色褪せ、忘却し、脱―非日常が進んでいることを感じていた。このままでは私たちの中から震災の記憶が消滅し、何事もなかったかのように元の日常を送ってしまうのではないかという恐怖があった。

この二つの理由から、より多くの人びとに被災者のリアルな思いを伝えることができるこのプロジェクトに踏み切ることができた。当初の懸念は調査を進めるなかで、冒頭の語りのように現実として重くのしかかってきた。しかし、何とか形にして人びとの思いを伝えなければいけないという一種の使命感のような感覚に突き動かされ、それを原動力として、本書を仕上げることができた。

プロジェクトにおいて私たちが最も重視したのは綿密なフィールドワークだった。私たちは震災死・死者という概念を問うのではなく、被災地域や人びとに寄り添うようにして死を読み解くことを幹としたため、度重なる調査やインタビューが不可欠だった。その作業は決してやさしいものではなかった。

前述したように、死による悲しみを抱える方々に当時の状況を思い出させてしまう私たちの調査内容は、当事者にはかり知れない負担やストレスを与えてしまう。そしてまた、涙を浮かべながら亡き人への悲しみを語る姿を見ていると、私たちにはこれ以上何もできないという無力感に襲われ、責任能力の低い私たち学生が死者を考える行為自体がおこがましいのではないかという思いが何度もよぎった。実際に私たちのような見ず知らずの青二才の学生に突然声をかけられ、しかも死についての調査と知れば、すべての方に協力していただけたわけではなく、厳しいお言葉をかけられたことも多かった。

この活動の正当性について悩んでいる時に、調査地であることを言われた。「あの時はたくさんの人に支えてもらった。本来であれば私たちが一冊の本として公にするべきことだが、なかなか難しい。だから、こうした取材にはできるだけていねいに対応し説明することが、私なりの恩返しだと思う」。その瞬間、自問自答を繰り返す調査に一筋の光が差した気がした。

確かにメディアを通して見る被災地の写真や映像は、人びとに訴えかける力がある。しかし、カメラに写ることのない被災地の実情が私たちの目の前にある。葛藤し、解決策を模索していた私たちなりの答えは、何度も足を運ばなければ理解できない被災地の声を形にして、より多くの人に知ってもらうことだと、自分自身に落とし前をつけられた一言だった。こうして出版として形に残すことができたのは、身近な人を亡くした喪失や悲しみを私たちに語っていただいた方々のおかげである。ここに感謝を申し上げたい。

自分だけ生き延びてしまったという負い目をも感じさせる死を受け入れ、死者をそれぞれの形で弔うことができたのはどうしてだろう。過ぎ行く時間が日常へと回帰するきっかけになる一方で、時間の経過とともに甦ることのない死者の存在をますます考えさせられていた。しかしそれでも震災を長い人生における一つの出来事として受け入れ、死者をそれぞれの形で弔い、心で想い続けることが死者を受け入れる鍵となっていた。

調査をしていて一つ見えてきたことがある。死というのは克服が困難なテーマだが、この四年という歳月がそれぞれのコントロール法を確立させたということである。日本では近代化に伴って、死をあらゆる場面で遠ざけタブー視してきた。しかし死者を彼岸の世界へと追いやる文化的対処法が、震災時においては有効に機能せず、災害死は死をタブー視する社会はきわめて脆弱であることを露呈する引き金となった。それでも被災地の人びとは災害死という痛切な現実に直面して、文化的対処法ではない独自のコントロール法を創意工夫のなかで見出していた。その痕跡を本書から読み取っていただけるだろう。

本書を手にしていただいた方に、未曾有の災害の悲しみを乗り越えた方々の強さを感じ取ってもらえれば幸いである。最後に活動を支えてくれたすべての方々に感謝するとともに、この震災で亡くなられた方々のご冥福をお祈りする。

本書の執筆にあたって数えきれないほど多くの方々の協力を得た。調査や執筆にあたって東北学院大学大学院生の庄司貴俊さんに助けていただき、また、新曜社編集部の小田亜佐子さんに出版の道を拓いていただいた。

二〇一五年一一月　紅葉に映える仙台にて

金菱清ゼミナール

この研究は、日本学術振興会科学研究費補助金（基盤研究（B）、課題番号25780313「リスクに対処するためのレジリエンスと生きられた法の環境社会学的研究」）による研究成果の一部である。

執筆者紹介

東北学院大学　震災の記録プロジェクト　金菱清ゼミナール

二〇一四―一五年のゼミでは「震災死」をテーマとして、宮城・岩手・福島の被災者に聞き取り調査を重ね、一六年一月に卒業論文をまとめて本書を出版した。メンバーは大学を卒業して、社会人または大学院生として新しい仕事や研究に踏み出している。

工藤優花（くどう・ゆか）第1章
菅原　優（すがわら・ゆう）第2章
水上奨之（みずかみ・しょうの）第3章
斎藤　源（さいとう・げん）第4章
小田島武道（おだじま・たけみち）第6章
小林周平（こばやし・しゅうへい）第7章
伊藤翔太郎（いとう・しょうたろう）第8章

編者紹介

金菱　清（かねびし・きよし）　**はじめに・第5章**

1975年　大阪生まれ

関西学院大学大学院社会学研究科博士後期課程単位取得退学 社会学博士

現在　関西学院大学社会学部教授

（2020年3月まで東北学院大学教養学部地域構想学科教授）

専攻　環境社会学・災害社会学

主著　『生きられた法の社会学——伊丹空港「不法占拠」はなぜ補償されたのか』新曜社 2008（第8回日本社会学会奨励賞著書の部）;『3.11 慟哭の記録——71人が体感した大津波・原発・巨大地震』（編著）新曜社 2012（第9回出版梓会新聞社学芸文化賞）;『千年災禍の海辺学——なぜそれでも人は海で暮らすのか』（編著）生活書院 2013;『[新]体感する社会学——Oh! My Sociology』新曜社 2014;『震災メメントモリ——第二の津波に抗して』新曜社 2014;『反福祉論——新時代のセーフティーネットを求めて』（共著）ちくま新書 2014;『震災学入門——死生観からの社会構想』ちくま新書 2016;『悲愛——あの日のあなたへ手紙をつづる』（編著）新曜社 2017;『私の夢まで、会いに来てくれた——3.11 亡き人とのそれから』（編著）朝日新聞出版 2018（朝日文庫 2021）;『3.11 霊性に抱かれて——魂といのちの生かされ方』（編著）新曜社 2018; 令和元年度社会調査協会賞（優秀研究活動賞）受賞;『災害社会学』放送大学教育振興会 2020;『震災と行方不明——曖昧な喪失と受容の物語』（編著）新曜社 2020;『永訣——あの日のわたしへ手紙をつづる』（編著）新曜社 2021

呼び覚まされる
霊性の震災学
3・11 生と死のはざまで

初版第1刷発行　2016年1月20日
初版第9刷発行　2021年3月11日

編　者　東北学院大学 震災の記録プロジェクト
　　　　金菱　清（ゼミナール）

発行者　塩浦　暲

発行所　株式会社　新曜社
101-0051　東京都千代田区神田神保町 3-9
電話 03(3264)4973(代)・FAX 03(3239)2958
E-mail：info@shin-yo-sha.co.jp
URL：https://www.shin-yo-sha.co.jp/

印　刷　長野印刷商工(株)
製　本　積信堂

© Kiyoshi Kanebishi, 2016　Printed in Japan

ISBN978-4-7885-1457-7　C1036

永訣　あの日のわたしへ手紙をつづる
金菱清 編／東北学院大学震災の記録プロジェクト
四六判二二四頁　二二〇〇円

悲愛　あの日のあなたへ手紙をつづる
金菱清 編／東北学院大学震災の記録プロジェクト
四六変型二四〇頁　二〇〇〇円

3・11慟哭の記録　71人が体感した大津波・原発・巨大地震
金菱清 編／東北学院大学震災の記録プロジェクト
四六判五六〇頁　二八〇〇円

震災と行方不明　曖昧な喪失と受容の物語
東北学院大学震災の記録プロジェクト　金菱清（ゼミナール）編
四六判二四〇頁　二三〇〇円

3・11霊性に抱かれて　魂といのちの生かされ方
東北学院大学震災の記録プロジェクト　金菱清（ゼミナール）編
四六判一九二頁　一八〇〇円

震災メメントモリ　第二の津波に抗して
金菱清 著
四六判二七二頁　二四〇〇円

生きられた法の社会学　伊丹空港「不法占拠」はなぜ補償されたのか
金菱清 著
四六判二四八頁　二五〇〇円

新 体感する社会学　Oh! My Sociology
金菱清 著
四六判二四〇頁　二二〇〇円

新曜社

表示価格は税抜